1

Los domingos al atardecer son iguales en cualquier lugar de la tierra: difícilmente se escapa de su aire desolado, de su irremediable sensación de vacío. Y si el cielo se tensa en un azul sin nubes, su serenidad nos perturba todavía más, porque pareciera abismarnos a una especie de revelación inminente. Desde la ventana de su mansarda, Ana contempló los distintos verdes del paisaje, la carretera polvorienta, los tejados de las fincas cercanas, y sintió que la invadía el desasosiego. El silencio que reinaba en la casa parecía haberse apoderado del resto del mundo. Proserpina levantó una patica como espantando un mal sueño. Echada en su rincón, la gata, pesada y gris, parecía un viejo chal olvidado por su dueña.

Al regresar del aeropuerto, hora antes, Ana había revisado el contestador automático, con la esperanza de encontrar la llamada que de antemano sabía inexistente. Había un mensaje de Malena, otro de su hermana, otro más de un viejo amigo escultor: ninguno de ellos era el que quería oír, el que esperaba oír desesperadamente. Pensó en trabajar un rato, pero se sentía incapaz de concentrarse. Dio vueltas erráticas por la casa, se hizo un café, buscó sin éxito la novela que estaba leyendo. Entonces, cediendo a un impulso repentino, entró a la habitación que acababa de acondicionar como su nuevo estudio. Allí estuvo mirando sus cuadros recientes, examinándolos unas veces de lejos, otras de cerca, otras como si no los viera, sentada en una butaca de madera. De pronto, aquellos lienzos que días antes habían logrado ocupar toda su energía, que habían despertado su imaginación y su ímpetu, que le habían proporcionado aire para sobrevivir y satisfacciones hacía tanto tiempo ya olvidadas, empezaron a parecerle odiosos, desprovistos de sentido, limitados, inocuos. No es que fueran torpes o mediocres. Por el contrario: como había dicho Juan Luis, tenían fuerza, desde un punto de vista técnico eran impecables, y sobre todo, tenían la impronta inconfundible de un estilo. Pero a ella, a ella que sabía qué se había propuesto, que había pasado días enteros luchando por llevar a la superficie las aguas amargas de su turbio fondo, de repente se le revelaba la dimensión de su derrota. Poco a poco, pues, mientras los miraba y remiraba, sintió que dejaban de interesarle, que pasaban a hacer parte de una realidad ajena, que ya no le pertenecía. Un ramalazo de lucidez la llevó a concluir que esta vez sí era su fracaso definitivo y, en todo caso, parte de su fracaso absoluto, que abarcaba todos los otros aspectos de su vida. Miró a su alrededor y vio, ya no el mundo relativamente ordenado, matizado y distanciado por las veladuras del arte, sino una realidad hecha trizas, desmembrada, que resultaba imposible de recomponer.

Esa certidumbre tuvo en ella un primer efecto: el de una irritación incontenible. Sintió deseos de agarrar el bisturí y rasgar esas telas que de repente odiaba, que le mostraban el abismo entre su ambición y su capacidad. Pero Ana detestaba los énfasis, los tremendismos, los dramas inútiles: la imagen de sí misma destruyendo los lien-

Después de todo
Piedad Bonnett

ALFAGUARA

© 2001, Piedad Bonnett
© De esta edición:
2001, Distribuidora y Editora Aguilar, Altea, Taurus, Alfaguara, S.A.
Calle 80 No. 10-23
Teléfono 635 12 00
Bogotá, Colombia

• Aguilar, Altea, Taurus, Alfaguara, S.A.
Beazley 3860. 1437, Buenos Aires

• Grupo Santillana de Ediciones, S.A.
Torrelaguna 60. 28043, Madrid

• Aguilar, Altea, Taurus, Alfaguara, S.A. de C.V.
Avenida Universidad 767. Colonia del Valle 03100, México D.F.

I.S.B.N.: 958-8061-74-1
Impreso en Colombia

© Ilustración de cubierta: Julián de Narváez
© Foto de autor: Óscar Monsalve

Todos los derechos reservados.
Esta publicación no puede ser
reproducida en todo ni en parte,
ni registrada en, o transmitida por,
un sistema de recuperación
de información, en ninguna forma
ni por ningún medio, sea mecánico,
fotoquímico, electrónico, magnético,
electroóptico, por fotocopia,
o cualquier otro, sin el permiso previo
por escrito de la editorial.

Fuera del cuerpo sólo hay desesperación y desilusión.
Henry Miller

Lo que quisiera es hacer gente,
hacer esa persona que quisiera tener y no tengo.
Luis Caballero

I. Siempre sucede

zos le pareció vanidosa y vulgar. El efecto siguiente fue entonces el de una aceptación amarga e irónica, que excluía toda conmiseración, así que volvió a ponerlos delicadamente en su sitio, y subió de nuevo a su altillo.

Llamó a Malena por teléfono, pero una máquina le indicó que no estaba. Pensó entonces en llamar a alguien más, pero pasó revista en su mente a los nombres de sus amigos y conocidos y se dio cuenta de que en realidad no quería hablar con ninguno. Estuvo un rato sentada en la cama, sin saber muy bien qué hacer. Entonces decidió darse un largo baño caliente.

La ropa que hacía poco se había quitado colgaba ahora descuidadamente en una silla, y Ana, recostada en sus almohadas y envuelta en su bata blanca de algodón, bebía, a pequeños sorbos, un vaso de whisky. Tomarse uno o dos tragos al final de la tarde era una costumbre que había adoptado en los últimos meses, y que quizá habría asombrado a sus amigos más cercanos, que conocían bien su condición espartana, el proverbial ascetismo de sus costumbres. Pero ella disfrutaba enormemente de este nuevo hábito: ya entrada la noche, invadido su cuerpo de una suave laxitud, daba un corto paseo por los alrededores, o simplemente oía música tumbada en el sofá de su estudio hasta que Memé la llamaba a comer. Después trabajaba dos o tres horas, hasta que la vencía el cansancio.

Había sido un día largo y tenso, y ahora hacía consideraciones y recuentos en un estado de ánimo extraño, en el que se mezclaban una tristeza sin efusiones y la serenidad sin méritos que suele seguir a la constatación de un hecho irremediable. Muy temprano, ella y María José habían tenido una larga reunión con el abogado y el contador, y habían revisado informes y balances que hablaban de una situación económica delicada, casi catastrófica. Sabía que no era fácil, pero estaba decidida a vender aquella casa, que de un tiempo para acá le resultaba ya insoportable; el lunes mismo la inscribiría en una agencia inmobiliaria. Por la tarde habían ido al aeropuerto, donde la muchacha debía tomar su vuelo para Francfort, su escala antes de llegar a Viena.

—¿Vas a salir vestida *así*? —le había preguntado María José a la hora del desayuno.

—¿Qué tiene? ¿Qué es lo que no te gusta? —replicó Ana, sorprendida.

—No es que no me guste, mamá. Es que *no entiendo* —María José la miraba a los ojos, con los suyos abiertamente acusadores.

—¿Qué no entiendes?

En el tono de Ana había una impaciencia contenida. Empezaba a comprender de qué se trataba y no quería una discusión. Se había peleado con su hija al menos tres veces en los últimos quince días.

—Tu suéter.

Ana hechó un vistazo a su impecable y juvenil suéter amarillo.

—¡Ay, María José! —suspiró, con una ligera sonrisa no exenta de ironía—. No te criamos así. Tú sabes que el duelo es una cuestión íntima. Te has vuelto muy convencional.

—Y tú, muy rara... —La muchacha se retiró el pelo de la frente, tomando aliento para seguir—. Bueno, creo que siempre lo fuiste. Pero, la verdad, esta vez podías haber disimulado un poco.

Ana sintió que una oleada de calor le subía a la cara. En las tres semanas que María José había estado en la casa había hostigado a Memé y la había zaherido a ella constantemente, con una insidia que había ido descubriendo con estupor.

—¿Disimular qué? ¿De qué hablas ahora, si puede saberse? Deja de decir frasecitas misteriosas y dime lo que me quieras decir.

—Ay, mamá. Todo el mundo se dio cuenta de que no te importó nada. Todo el tiempo estuviste como si no fuera contigo, y no derramaste ni una lágrima... Era evidente...

Ana interrumpió a María José extendiendo su mano, en un gesto decidido, autoritario, que contrastaba con su voz, que era opaca, desganada, la voz de alguien que está aburrido o cansado.

—Evidente es que estás yendo muy lejos, muchachita. ¿Qué sabes tú de lo que yo pueda estar sintiendo?

La muchacha no se ablandó. Por el contrario. En su argumentación Ana encontró una insolencia que añadía vibraciones en su voz y ponía a brillar sus ojos con frialdad de cuarzo. Las pupilas de la muchacha eran de un verde seco y ligeramente estrábicas como las de su padre. De él lo había heredado todo: la nariz imperiosa y las cejas desordenadas, la boca delgada, la cerebralidad al tomar decisiones. Hasta esa manera de disponerse a atacar, tensa y silenciosa, como la de ciertos animales. Era como si en su concepción Ana no hubiera aportado nada, salvo el vientre, donde su hija había crecido como una flor exótica en un invernadero. Su boca, de la que se desprendían ahora duros reproches, se le antojó la de un muñeco de ventrílocuo, o el instrumento de un médium a través del cual su marido levantaba la voz desde la tumba. Como en los años atormentados de su matrimonio, sintió que se rebelaba contra la omnipotencia de la acusación con una ferocidad dolida. Arrepentida de su actitud agresiva, intentó entonces una conversación amigable.

—Sabes que los dos últimos años no han sido fáciles, María José.

—No hablo de los últimos dos años, mamá. Tu egoísmo es de toda la vida. Desde cuando estaba chiquita, jamás respondías de inmediato a mis preguntas. Siempre estabas pensando en otra cosa… ¿Y qué tal antes de yo irme? —María José bajó la cabeza y añadió, como para sí misma, después de morderse el labio—: apenas si interviniste en los preparativos de mi viaje; dejaste todo en manos de mi papá. Y el día anterior duraste perdida toda la tarde y la mitad de la noche. ¿Te acuerdas o no te acuerdas?

Ana no respondió a aquella inculpación; estaba demasiado cansada para entrar en explicaciones que de antemano sabía muy frágiles. Los acontecimientos de los últimos meses habían debilitado sus nervios, su voluntad, su autoestima. A menudo estaba al borde del llanto, pero en los días en que todos esperaban que mostrara aflicción permaneció impasible, reacia a que la compadecieran, hosca y difícil. Era consciente de que esto había podido herir a María José, pero algo le impedía ahora reconocerlo, tal vez la conciencia de que una sola palabra suya podía desencadenar en su interior un tumulto tal de emociones que la haría caer derrumbada a los pies de su hija, delatándose. Así que se encargó de poner fin abrupto a la conversación.

—Es posible, querida. El destino de los padres es siempre la equivocación. Así que ve ahorrando para el sicoanalista. Y si te importa mucho el qué dirán, me cambio el suéter amarillo.

Y añadió, para que no quedara duda de que hasta ahí llegaba su diálogo:

—¿Vas a dejar el café servido?

Ahora, tendida en la cama, Ana recordaba con tristeza sus propias palabras. Estaba ofendida, pero sobre todo espantada de su dureza y arrepentida de haber herido a su hija, de no haber sido capaz de enfrentar la situación con una conversación descarnada y tal vez sanadora. El abrazo final había sido silencioso y distante, evidentemente dolido.

Tratando de distraerse de sus pensamientos, encendió la televisión. En el noticiero, un periodista, con su chaleco de múltiples bolsillos, se paseaba por entre los escombros de un pueblo antioqueño. Con voz acezante y atropellada, como la de los narradores de fútbol, se jactaba de que el medio al que pertenecía era el primero en llegar al sitio de la noticia. Un hombre, de espaldas, trataba de explicar cómo todo el mundo en el pueblo sabía de antemano de la incursión paramilitar. La cámara se regodeaba en los cadáveres de seis hombres muertos a tiros, con los pies todavía atados, tumefactos y azulosos como bombas de cumpleaños que se desinflan. Asqueada, cambió varias veces de canal. Se sirvió un segundo, un tercer trago, entre tortugas malayas y locas carreras de carros y muchachas de pelo fucsia que cantaban una y otra vez la misma tonada.

No eran aún las diez de la noche cuando se incorporó, asustada, tomando conciencia de que se había quedado dormida y con la impresión de haber escuchado algo. Estuvo unos momentos inmóvil, con el cuello tenso y los ojos fijos, como una mirla que se dispone a emprender vuelo; fue entonces cuando oyó los primeros ruidos. Tal vez no habría que hablar en plural, sino de un solo y extraño ruido, un sonido hueco y distendido, como el de un objeto con el que alguien tropieza y rueda, un balde quizá, un cubo de pintura. Ana no era una persona temerosa, y en veinte años que hacía que habitaba esa casa jamás se había detectado en ella ni en sus alrededores una presencia amenazante. La suya era una zona tranquila y la seguridad parecía doblemente garantizada por la presencia de Manuel, el celador, una especie de ángel guardián asalariado que tenía su casa apenas a unos metros de la suya, donde vivía sólo con su perro. Así que no le dio importancia —a pesar de que la gata también había advertido algo, pues levantó la cabeza y tensó las orejas— y se relajó de nuevo sobre las almohadas.

Por la ventana vio la noche, densa, sin estrellas, sin asomos de luna. Una fría noche de principios de abril, pálida y silenciosa. Tomaría algo para dormir. Fue al baño, abrió el botiquín, puso en su mano una pastilla de Xanax. Al levantar la cabeza, se vio en el espejo, y comprendió que estaba ligeramente borracha. Quizá no fuera conveniente doparse. Mientras vacilaba, sintiendo el frío de las baldosas en las plantas desnudas, volvió a oír un sonido extraño, algo similar, esta vez, al sonido de unos pies que caen al suelo con un golpe seco. Un estremecimiento la recorrió. Con el corazón latiendo sin control descendió hasta el primer descanso de la escalera. Allí se detuvo y escuchó unos momentos. Nada. Apenas si el chirriar acompasado de algún grillo. Preguntó "¿Hay alguien ahí?", y el sonido de su voz la estremeció a la vez que la hizo sentir ridícula. "Estoy muy nerviosa", pensó, "o quizá tanta ansiedad me esté enloqueciendo". Entonces bajó el siguiente tramo y entró a la sala. El gran ventanal no tenía cortina, de modo que se apreciaba el jardín, enorme y deliberadamente agreste, sin ley, con su magnolio de flores inmensas y sus sietecueros como dulces presencias protectoras. Sin saber muy bien por qué, tal vez buscando la certeza de que todo estaba en su imaginación, Ana se acercó a la ventana. Lo primero que vio fue su propio reflejo, el de una mujer semidesnuda, con el cabello todavía mojado detrás de las orejas y los ojos achinados muy abiertos. Entonces aproximó su frente al vidrio. Lo que vio hizo que una especie de descarga, de estremecimiento helado, la sacudiera, sumiera su cerebro en un momentáneo limbo de desconcierto, antes de comprender, por fin y para siempre.

2

Tratar de comprender era lo que había estado haciendo Ana durante el último año, sin lograrlo. Una avalancha de acontecimientos diversos —el abandono de Martín, la enfermedad repentina de Emilio— la habían mantenido chapaleando en medio de un pantano de confusión y dolor, sobreviviendo apenas, sostenida de troncos precarios e inestables, siempre a punto de naufragar. Desde hacía seis meses, sin embargo, otros hechos, si así vale llamar al mínimo de circunstancias que habían venido a incidir en los variables estados de su corazón, habían cambiado de improviso el rumbo y la naturaleza de sus días.

Cuando Ana, confusa y maltrecha, intentaba reconstruir el proceso que había desencadenado el último coletazo de sus venturas y desventuras, se remitía inevitablemente al día en que Gabriela cruzó el umbral de su casa, acompañada de ese primo suyo desparpajado y sin maneras, trastornando el orden que con minucia de artesano ella había logrado reconstruir precariamente en los últimos tiempos.

También había sido aquella una tarde de domingo, en el último octubre. Ana acababa de escribir el séptimo capítulo del libro que le habían encomendado y estaba satisfecha. Era un manual universitario, un texto donde se revisaban nociones generales de arte y se invitaba a ver éste de una manera distinta. Había leído línea por línea los últimos párrafos y había hecho las correcciones finales, meticulosamente y sin desgano, a pesar de que le dolía la espalda. Después verificó el número de páginas que había logrado escribir en la tarde: cuatro, 12.227 caracteres. A ese paso, pensó, quizá podría cumplir con los plazos estipulados. Alrededor del computador había un número considerable de libros abiertos, colocados en un orden que, pareciendo caótico, era en verdad implacable. Los cerró uno por uno, cerciorándose de dejar señaladas sus páginas, se estiró, pensó que su vida era como un tiovivo que da vueltas y vueltas animado por la misma música monocorde.

Se servía su trago habitual cuando el timbre la sobresaltó como a un niño al que han pillado haciendo una travesura. Era Manuel que venía a traer un recibo de las medicinas compradas para Arú, su perro akita, un hermoso ejemplar de ojos aguamarina que una amiga le había regalado a Ana siendo un cachorro y que ella había cedido al celador después de un tiempo porque Emilio no lo soportaba. La semana anterior el animal había estado enfermo y Ana lo había llevado al veterinario. Manuel era un hombre joven y musculoso, con unos dientes tan sanos y brillantes como los de su perro. Aunque Ana no lo conocía demasiado, porque llevaba apenas un año al cuidado de la portería que las tres fincas compartían, simpatizaba con él. Tenía una cara afable, de facciones mestizas y ojos atentos, un sentido del humor delicado, que no se correspondía con sus manos de boxeador, y era respetuoso y dispuesto sin aquiescencia ni zalamerías. Ana le ofreció un café y lo compartieron en la cocina, sentados en las bancas de madera y mirando el jardín embellecido por los resplandores de la tarde. Mientras hablaban advirtió que la mirada de Manuel se detenía una y otra vez, como si no pudiera evitarlo, en sus pechos, realzados aquel día por una blusa de seda, y se sintió incómoda. Pero por la expresión alelada que había en sus ojos entendió que no había en él malicia, sino tal vez la ingenuidad y la curiosidad naturales de alguien que ha sido criado entre tapujos y represiones. "Un hombre como tantos en este país de machos llenos de inmadurez", pensó y lo olvidó de inmediato.

Cuando Manuel se despidió, Ana subió al segundo piso. Entró a una de las habitaciones y se acercó a la cabecera de la cama. Buscó los ojos en la oscuridad y vio que estaban abiertos.

—¿Por qué no llamaste? —preguntó.

Nadie contestó su pregunta. Ana fue hasta la ventana y abrió las pesadas cortinas. La luminosidad de la tarde entró con una violencia invasora, dejando ver la figura de un hombre en la cama revuelta.

—Ya son las cinco y media —dijo Ana, mirando su reloj de manera mecánica—. Dormiste más de la cuenta. Esta noche vas a estar desvelado.

Se sentó al borde de la cama.

—Debes tener sed —dijo en voz muy baja, hablando como para sí misma. Sirvió agua de la jarra y con movimientos decididos y precisos ayudó a su marido a incorporarse sobre las almohadas. Dos cosas en él habrían llamado inmediatamente la atención de un recién llegado: el color de su piel, del gris mortecino de la lava, y el gesto del rostro, que hacía pensar en un viejo emperador desdeñoso. Su párpado izquierdo caía abultado, como el de un saurio, sobre el ojo, apagándolo, y el labio del mismo lado se inclinaba hacia abajo en un rictus poderoso y atroz. Ana puso el vaso de agua en la mano derecha del hombre y éste lo llevó con lentitud hacia la boca y bebió. Un hilito de agua resbaló sobre su barbilla.

—Hoy escribí toda la tarde —dijo Ana, mientras le pasaba una servilleta por el mentón— y logré terminar el capítulo. Pero todavía no estoy segura de poder entregar dentro de los plazos.

Hablaba, en realidad, para sí misma, porque de nuevo la había asaltado la angustia del tiempo. El hombre la miró con su ojo sano, que, tenso y penetrante como el de un pájaro, se convertía en el centro vivo de su rostro. Calcular su edad habría sido ahora imposible, pero la verdad es que llevaba a su mujer casi quince años. A ésta, el óvalo del rostro moreno, enmarcado por un cerquillo infantil, y los ojos ligeramente rasgados, la hacían parecer más joven: tenía cuarenta y siete años recién cumplidos, pero cualquiera que los viera juntos pensaría en un padre y su hija.

Cuando Ana le preguntó si quería que pusiera la película que no había acabado de ver la noche anterior, Emilio la miró sin contestar. Ella repitió la pregunta. Su voz tenía un tono neutro, ni solícito ni impaciente. El hombre asintió con un sonido extraño, primero bronco y luego muy débil, e hizo un gesto con la cabeza ladeada.

Mientras colocaba la cinta, Ana oyó el ruido de un motor en la carretera y se extrañó porque no estaba esperando a nadie. Cuando se asomó a la ventana vio que una camioneta destapada de color rojo frenaba bruscamente frente a la puerta, levantando una polvareda momentánea que brilló como escarcha dorada bajo el sol de la tarde. Un hombre joven se apeó de un salto. Su figura, de espalda muy ancha y cintura delgada, y su pelo rizado cayéndole en desorden sobre la frente, trajeron a su cabeza la imagen oscura de un trapecista de circo, posiblemente visto en las páginas de algún libro remoto. Una muchacha, también muy joven, se apeó del otro lado. Entonces Ana, como volviendo de un sueño, recordó, no sin cierta incomodidad, que la estudiante que le habían recomendado debía llegar esa tarde.

Quince días antes, una crisis en el entendimiento con la enfermera, huraña y negligente, fue el pretexto perfecto para que Ana prescindiera de sus servicios. La situación económica la obligaba a restricciones, los médicos habían dicho que era necesario forzar a Emilio a tener una mayor independencia valiéndose por sí mismo, y ella necesitaba, por un plazo muy corto, una auxiliar de investigación que ajustara detalles formales y la aliviara de las tareas más mecánicas. Pactó, pues, con Memé, que ésta asumiera parte de los cuidados del enfermo, y aceptó la sugerencia de un amigo, quien le recomendó a una joven estudiante de arte que había abandonado durante un tiempo la universidad y que, necesitada de dinero, estaría dispuesta a trabajar hasta mediados de diciembre. En sus ratos libres la muchacha podría leerle a Emilio y ayudarlo con las actividades de estimulación. Por quedar la casa relativamente lejos de Bogotá, la muchacha dormiría en ella de lunes a viernes.

Cuando Ana abrió la puerta se encontró con una jovencita de aspecto andrógino que, en cuclillas, metía en desorden en la maleta lo que, al abrirse, se había desparramado por el suelo. Ana percibió vagamente unas prendas escasas, libros, papeles, una caja de pasteles, casetes, que la chica recogía con una sonrisa inhibida. Un muchacho con unos extraños ojos de pupilas acarameladas salpicadas de puntitos negros esperaba a su lado, ajeno al asunto, con una grabadora en la mano. Cuando lo miró, Ana, que unía una tendencia romántica a una imaginación literaria, pensó que poseía una belleza bárbara, como de príncipe de *Las mil y una noches*. Al mismo tiempo encontró, sin embargo, que en su aspecto, en el aire desfachatado con que esperaba allí apoyado en la puerta, había algo decididamente vulgar, una tosquedad del gesto y una actitud grosera que la irritó en forma vaga. A su lado, la muchacha, con el pelo castaño cortado al rape y la piel de un color desvaído, le pareció un niño sin gracia.

Se llamaba Gabriela y, según supo Ana días después, aquél era su primo, Javier. En el cuarto que antes era de la enfermera y que comunicaba con el de Emilio, el jovencito se dedicó a husmear todos los rincones de la habitación con un enorme desenfado; tomó de encima de la repisa una estatuilla africana y la estuvo examinando con la curiosidad desconcertada con que se mira una moneda extranjera. Ana le pidió a la muchacha que se pusiera cómoda; más tarde, a la hora de la comida, se verían en el comedor y allí hablarían sobre las rutinas que le esperaban.

Desde la cocina, mientras preparaba unos huevos para Emilio, oyó que la camioneta arrancaba, con gran estrépito. Saber que había ahora una presencia nueva en la casa, un extraño al que debía dedicar algo de energía y atención, la mortificaba. Acompañó a su marido en silencio, frente al televisor encendido, viéndolo masticar dificultosamente los pedazos que llevaba con torpeza a la boca, resistiendo el impulso de ayudarlo. De vez en cuando, como los médicos le habían recomendado, le traducía en palabras lo que pasaba en la pantalla. Una hora más tarde, apenas se terminó la película, sintonizó el canal internacional de noticias, le dijo a Emilio que timbrara si la necesitaba, y subió a su estudio, abrió un libro e intentó leer. Pero su pensamiento se apartaba de la novelita de Handke una y otra vez. Oyó, con una desazón inexplicable, la música apagada de la grabadora de la muchacha en el piso de abajo. Era una canción hermosa y nostálgica, una cancioncita ligera que volvía triste la tarde de aquel domingo que se apagaba. Proserpina vino a acurrucarse a su lado. Ana pensó en el lunes, en la cita médica de media tarde, en las tareas que la esperaban en la galería. Pensó en la muchacha estirándose en su cama y en que a las nueve debía dar el epamín a Emilio. Viendo cómo brillaba Venus como un pedazo de hielo verde en el cielo oscurecido, recordó aquella vez, antes de casarse, en que Emilio, que pasaba un verano en Houston, la llamó por teléfono. Al despedirse, y para mostrarle su amor, ella le había dicho una de aquellas tonterías que suelen decir los enamorados: "Esta noche, antes de acostarte, busca a Venus en el cielo y piensa en mí". Emilio, que era hombre práctico, le había contestado razonablemente: "Ana, por Dios, tengo tantas cosas qué hacer que no tengo tiempo de mirar el cielo". Pensó en sus veinte años, incapaces de medir la significación de aquella frase. Cerró los ojos, aletargada. En su mente abandonada a una deliciosa molicie, los ojos extraños de aquel muchacho aparecieron de nuevo, relampagueantes como mariposas de ensueño, faros lejanos que le hablaban en forma misteriosa de puertos desconocidos.

3

Agobiada como estaba por los compromisos de la galería, que consumían todo su tiempo, Ana apenas si pudo ocuparse de Gabriela en los días siguientes. El jueves coincidieron, sin embargo, a la hora del desayuno, y allí pudo saber que la muchacha se sentía a gusto con sus tareas. La criada, que era fuerte y oficiosa, colaboraba con el aseo de Emilio, así que Gabriela sólo debía ocuparse, en los espacios que dejaban las distintas terapistas, de leerle al enfermo en voz alta, acompañarlo en cortos paseos para que respirara el aire puro y recibiera un poco de sol, y jugar ciertos juegos que estimulaban su paulatino reaprendizaje. Al final de la tarde Gabriela podía tomarse un descanso, después de ejecutar los trabajos que Ana le había encomendado, la mayoría muy sencillos y concretos. De vez en cuando tendría que ir hasta el centro, a la Biblioteca, a conseguir algunos textos que debía consultar todavía. Las noches eran relativamente tranquilas para todos, pues Emilio, bajo el efecto de los sedantes, dormía pesadamente hasta la madrugada.

A decir verdad, aquel fue el primer día en que Ana reparó verdaderamente en la joven estudiante, y le asombró ver que la muchachita insignificante del primer día se expresaba con una mesurada firmeza que contrastaba con el tono de su voz, tan suave como crema batida.

Era muy blanca, con unos ojos de venada que acentuaban su aire desamparado; la boca gruesa le daba a su rostro encanto y sensualidad, pero éste se volvía extraño, sin embargo, en virtud de aquel corte de pelo brutal, que no se sabía muy bien si era producto del descuido o resultado de un gesto provocador. Tuvo la intención de indagar un poco sobre su vida, pero era ya tarde y además se aburría de antemano de imaginar lo que sería una historia previsible. La jornada que la esperaba era larga, pues preparaba la exposición de un joven y exitoso pintor recientemente premiado, así que salió de prisa después de despedirse de su marido con un ligero ademán rutinario.

Desde hacía muchos años, Ana cargaba sus horas diurnas de acontecimientos grandes y chicos, importantes y banales, que cumplía con idéntica energía, repartiéndolos en el tiempo de una manera tan rigurosa que no dejaba espacio para la improvisación. En las noches, trabajaba siempre dos o tres horas antes de caer derrumbada de cansancio. Sus ensayos, publicados en revistas especializadas, eran prolijos, eruditos, escritos en una prosa impecable que corregía una y otra vez. Ana perseguía la perfección, no en lo sublime o en la expresión de lo inefable, como los místicos o los poetas, sino en lo concluido, en lo enteramente acabado. Su búsqueda, como es previsible, le acarreaba, entre otras cosas, un persistente cansancio.

Quizá por eso, Ana disfrutaba enormemente de las horas transcurridas entre el momento en que se dormía y el amanecer que la empujaba al frenesí de sus obligaciones. Sus sueños eran tan nítidos, tan completos, extraños y vivificadores, que sentía a menudo tristeza al despertar. Como tantos mortales, vivía sus primeras horas como un carro achacoso que trepa una cuesta, y hasta había amaneceres en que el miedo de estar viva le hacía sentir náuseas; pero a medida que transcurría la mañana, el camino se allanaba y recuperaba el entusiasmo y la confianza en sí misma.

Entre sus rituales matutinos estaba la lectura de los periódicos. Ana había desarrollado en los últimos años una manía inofensiva, de la que no era totalmente inconsciente: se detenía con una extraña morosidad en los avisos mortuorios y en las notas necrológicas. De los primeros le interesaba la edad del difunto, que deducía con habilidad detectivesca, sus vínculos familiares, las pequeñas tragedias que a veces se desprendían de una atenta lectura: la soledad de un viudo, unos padres que perdían a su único hijo, la muerte por accidente de los miembros de una misma familia. De las notas necrológicas le divertían los lugares comunes, las piadosas idealizaciones, los curiosos inventarios de las virtudes y méritos de la persona fallecida. El interés de Ana por tales textos obedecía no sólo a la mezcla de temor y fascinación que le causaba la muerte, sino, en el fondo, a que se preguntaba qué diría su propia nota necrológica si ella pudiera leerla. Las vagas conjeturas que pasaban por su cabeza de ningún modo la dejaban satisfecha.

Ana había soñado con el éxito en su temprana juventud. Éste, para ella, no estaba representado en dinero, poder ni posición social. Ana soñaba con poder probar su talento. Fue, contra la voluntad de su padre —que habría querido que su hija estudiara algo decente, tal vez medicina o derecho, o en el peor de los casos odontología o idiomas—, a la facultad de Bellas Artes. Alentada por sus maestros, que veían en ella a una estudiante aventajada, trabajó, una vez se graduó, con el fervor, el ahínco y la constancia que le exigía su propia inseguridad y que le había impuesto una madre dominante y perfeccionista. A una edad muy temprana logró su primera exposición individual, y para sorpresa suya vendió la mitad de sus cuadros; ahorró ese dinero pensando en comprarse un pasaje para viajar a Chicago, donde ya tenía casi listo el ingreso a la universidad, y empezó a hacer las gestiones para una beca oficial. Por esos días la acometió un fuerte dolor inguinal. El médico familiar estaba de viaje y en su reemplazo la atendió Emilio, quien dictaminó apendicitis y arregló las cosas para una cirugía inmediata. Durante los días de recuperación, el nuevo médico hizo varias y gratuitas visitas a la joven paciente. Ana se enamoró de su virilidad y de su sentido del humor, pero sobre todo de sentirse admirada y deseada por un hombre considerablemente mayor y además atractivo. Su madre, que había sido una mujer de gran belleza, la había convencido, desde pequeña, de que era más bien feíta, como sus tías paternas. "Tienes una frente distinguida —le decía— y buenos huesos. Pero la pinta de sangre india de tu papá ya se te empieza a notar. Así era tu abuela. Los Hoyos no han sido muy lucidos, no, así que hay que ayudarse y andar siempre muy bien vestida". Que aquel médico de cejas espesas y mentón tipo Kirk Douglas se enamorara de una muchacha ni fu ni fa primero la llenó de desconfianza y luego de agradecimiento. Deshizo la imaginaria maleta: Emilio quería hacer otra especialización, pronto viajarían juntos, la universidad podía esperar. Al año siguiente se casaron. Ana consiguió una cátedra en la Facultad de Artes y su marido fue contratado de tiempo completo en el hospital; los planes de viaje se postergaron. Emilio decidió entonces que era hora de cumplir su sueño de construir una casa en el campo.

El día en que se inauguraba su segunda exposición, Ana lucía hermosa con su amplio vestido negro que la hacía ver esbelta a pesar de sus cinco meses de embarazo. Su pintura, según un crítico local, poseía "rigor compositivo, poder de síntesis y evidenciaba un mundo particular, lleno de intensidad y sentido". Ana recortó cuidadosamente su columna y comenzó con ella un "dossier" imaginario. Pero la opinión de aquella voz solitaria no pareció producir ni la más mínima onda expansiva: aunque en esa ocasión vendió unos pocos cuadros, la crítica permaneció en silencio y en los elogios de sus amigos y conocidos Ana creyó adivinar un entusiasmo muy moderado. Su tercera exposición, un año después, no tuvo resultados muy distintos. Emilio, por su parte, cuando ella se quejaba, le daba unas palmaditas en el hombro y seguía mirando la televisión o leyendo su libro.

El pecado de Ana fue siempre la impaciencia, pero además nada la había preparado para el fracaso. Sin embargo siguió pintando, con obstinación, con rabia, con miedo. Durante casi ocho meses se encerró todas las tardes en su estudio, con disciplina monacal, y en lienzos que iba cubriendo de ásperos trazos intentó traducir las obsesiones que por aquellos días, dolorosamente, la acompañaban. Una noche despertó, sobresaltada, empapada en sudor. Tuvo que incorporarse para poder respirar. Al día siguiente se sintió desasosegada, inestable, sin ganas de pintar. Lo que parecía una crisis momentánea, quizá cansancio, fue creciendo como una densa bola viscosa que le subía del estómago a la garganta provocándole náuseas. Los médicos descartaron de inmediato cualquier mal. La playa, tal vez, o el aire sano de las montañas le harían bien. Con el orgullo espoleado de los que no han sido nunca vencidos, luchó tercamente con su desaliento, durante semanas, quizá meses. Parada frente al caballete, sentía, sin embargo, que una indiferencia mortal la alejaba del mundo. Embadurnaba el pincel y luego no sabía qué hacer con él. Cuando regresaba a su casa y María José se pegaba de sus faldas pidiéndole que le contara un cuento, Ana debía superar una penosa irritación, espantar el ensimismamiento e inventar una sonrisa. Un lunes soleado se levantó y se acercó a la ventana. Contempló por un rato las pequeñas plantas medio secas por el intenso verano y por la carencia de una mano cariñosa. Se puso uno de sus viejos overoles y bajó armada de las tijeras de podar. Con minucioso interés se hundió entre las madreselvas, las espiguillas, los higuerones, tratando de convertir el jardín en un espacio menos negligente y enmarañado, y dejando que el sol le pegara, sin protección ninguna, hasta sentir que un chorrito pegajoso corría entre sus senos, desde la garganta. Luego, rendida, se echó de bruces sobre la grama, sin pensar. A su memoria vinieron allí, entre la secreta arquitectura del jardín, los versos de un poema especialmente querido: *Dichoso el árbol que es apenas sensitivo/ y más la piedra dura, porque ésa ya no siente…*

Esa tarde no fue al taller. Tampoco al día siguiente. Un mes más tarde apiló en el sótano de su casa, con todo cuidado, los dieciséis cuadros que había pintado en esos meses de búsqueda empecinada, y cedió en alquiler su estudio a un amigo pintor. Amplió a un medio tiempo su dedicación en la universidad y un periódico le cedió un pequeño espacio para escribir sus columnas sobre arte. Su marido no dijo una sola palabra sobre su decisión. Reconoció con humildad que jamás había entendido nada de aquellas cosas que su mujer pintaba y le pidió que lo eximiera de echarle un vistazo de aprobación a sus escritos, pues la jerga de los artistas le parecía inextricable. Ana tenía entonces veintiocho años y una hija de cuatro, y con su pelo castaño recogido en una trenza, sus ojos de filipina y su sonrisa imperfecta era, a los ojos de muchos, una mujer hermosa y feliz.

4

La presencia de Gabriela tranquilizó a Ana en cierto sentido pero la perturbó en otro. Dada como era al orden inflexible, los ritmos particulares de la muchacha, que parecía reacia a todo hábito, su accionar siempre imprevisible, la ponían nerviosa o desataban su impaciencia. Gabriela era silenciosa y pausada y, al contrario de Memé, que se movía pesada y eficaz por la casa, con concentración de tumba, lo hacía de una manera elástica, como Proserpina, de modo que podía aparecer en cualquier umbral cuando no se la esperaba o desaparecer milagrosamente a la hora de la comida o cuando ya se la suponía dormida. A veces Memé la encontraba trepada en el techo, tomando el sol a medio vestir, o duchándose a las dos de la tarde, o escribiendo o pintando en un rincón insólito, con la gata a sus pies. Había descubierto a Arú, y a veces lo traía al jardín y se revolcaba con él sobre la grama.

Lo que parecía un aire salvaje en su comportamiento era desmentido, sin embargo, por la corrección de sus maneras de señorita y la altivez involuntaria de los gestos, que hacían pensar en una princesa condenada a un reclusorio. Cuando Ana, exasperada por los libres movimientos de la nueva huésped, trataba de encontrar peros a sus tareas, se encontraba con que todo estaba funcionando a la perfección, y que si Gabriela dormía en un sofá con la dignidad de una abadesa, el cuerpo recto y la cabeza ligeramente inclinada, era porque Emilio también dormía y ella ya había agotado sus pesquisas bibliográficas o registrado los datos que había investigado en el computador.

A mediados de octubre el invierno arreció y las lluvias se hicieron constantes. No eran lluvias cualquiera, sino aguaceros torrenciales que se desgajaban al mediodía, después de unas mañanas de sol hostigante. Angustiada porque sus plazos en la editorial se vencían a mediados de diciembre y deseosa de eludir por unos días el tráfico infernal de la ciudad, agravado en su caos por el invierno, Ana decidió no ir durante las tardes a la galería y concentrar sus esfuerzos en el texto encomendado. Encargó a Gabriela la dispendiosa tarea de los índices de los dos tomos concluidos —el onomástico, el de ilustraciones, el índice alfabético— mientras ella emprendía la revisión de los últimos capítulos, todavía un poco torpes, desmañados. Durante casi dos semanas pasaron largas horas en el estudio, con las lámparas encendidas y la música puesta, gozando de un aislamiento total en una especie de burbuja cálida, protectora, interrumpidas tan sólo por la presencia voluminosa de Memé, que subía con un par de jarras hirvientes dos veces en la tarde: Ana tomaba té, mucho té negro, y Gabriela todo el café que su pequeña humanidad resistía, acompañado de cigarrillos Pielroja que iban llenando el aire de una bruma densa, que hacía que Ana encendiera, desesperada, velas y velones.

—No entiendo —decía de pronto Gabriela, con su firme vocecita.

—¿Qué no entiendes? —Ana apartaba los ojos de la pantalla, y esperaba quieta, con la atención de una madre que oye llorar a su bebé en la pieza contigua.

—¿Qué fue primero, el barroco o el gótico?

Ana debía entonces desplegar sus aptitudes pedagógicas para contestar las obstinadas preguntas de Gabriela, a veces producto de un desconocimiento inverosímil, siempre síntoma de una curiosidad sin fronteras ni inhibiciones. Qué es un adarme, es verdad que Caravaggio era homosexual, absorber es las dos con be larga, será que mansarda viene de Mansart, qué es exactamente un "pentimenti"… Gabriela preguntaba abrupta pero delicadamente, rompiendo sus propios, largos silencios, y a medida que Ana contestaba, sonreía con el genuino entusiasmo de un niño que descubre un hecho que no imaginó. Ana supo, sin embargo, no sin asombro, que aquella muchachita llena de baches informativos, de vacíos impropios de su edad, que con seguridad no habría podido ubicar Rumania dentro del mapa, sentía pasión por las ideas de san Agustín, había tomado clases de griego y soñaba con vivir en Alejandría.

¿Por qué Alejandría? Porque era la tierra de Cavafis, explicó, la ciudad habitada por Justine. Gabriela soñaba con caminar por las calles laberínticas que enmarcaba el fuerte de Kom El Dick, y describía sus casas de paredes desconchadas, la algarabía de sus bazares y el azul impecable de su cielo como si hubiera vivido allá toda su vida.

—La he leído tres veces —confesó— pero en alguna otra vida debí vender palomas en la plaza Zaglul.

Ana no era muy buena lectora. Había leído a Durrell, pero Cavafis era para ella apenas una referencia, una lectura fugaz y olvidada de sus cursos de literatura. Abrió los ojos, admirada, cuando Gabriela, en voz alta, comenzó a decir sus versos: *Quién dijo No, no se arrepiente. Si de nuevo le preguntaran/ diría no otra vez. Pero ese No —legítimo—/ para toda su vida lo avasalla.* Le preguntó quién la había relacionado con esos autores, pues presentía que la educación escolar de Gabriela no debía haber sido muy esmerada. Su asombro fue mayor cuando se enteró de que Gabriela no había ido a la escuela hasta los trece años. Durante ese tiempo su padre se había encargado de su formación.

"¿Tu padre?". Sí, su padre. Un hombre que la había concebido a los cincuenta y dos años y al cual Gabriela nunca le conoció un empleo.

—Era un soñador, un idealista. Me hizo crecer entre libros, me leía poemas en voz alta. Le gustaba enseñarme, consentirme, pero era un irresponsable tremendo. Como un niño grande. "Un alma lírica", decía él. Un hombre con mucho miedo de vivir.

—Pareciera que sabes mucho de él, Gabriela. Que comprendes quién fue.

—Ah, no. Para nada. Tenía un corazón como un mango, blandito por fuera, y dulce, pero adentro tenía un hueso durísimo, una piedra que nadie podía romper. Hubo cosas de él que nunca supe y otras que ya nunca voy a entender.

Pero Gabriela no quería hablar ahora de su padre, que había muerto hacía menos de un año en circunstancias dolorosas, que no quería recordar. Sus pupilas atravesadas de rayitas violeta se enturbiaron por un momento, pero recuperaron de inmediato su brillo y su serenidad.

La lluvia fue el marco de tardes en que primero las unían largos silencios y luego, al anochecer, al lado de una bandeja con galletas y croissants calientes, la charla perezosa, remolona como Proserpina, que dormía en su rincón con pesadez arzobispal. La tibieza de las lámparas y los vidrios empañados hacían que Ana se sintiera protegida, encantada de tener que prescindir del mundo de afuera, devuelta a una especie de útero del cual ya no quería ser expulsada. Apenas si se ocupaba de Emilio, disculpada, como creía estarlo, por la urgencia de sus tareas. Una de aquellas tardes, cansada ya de escribir, puso los codos sobre el escritorio, cerró los ojos, metió la cara entre las manos, y permaneció así unos minutos, meditando. Luego suspiró. Gabriela, que extendía fichas bibliográficas sobre el sofá, se quedó mirándola, y cuando sus ojos se cruzaron, le sonrió. Entonces Ana se oyó decir:

—Ay, Gabriela, me gustaría saber que será de mí el año entrante...

Cuando pronunció estas palabras no tenía en mente el profuso panorama de sus horas incansables, sino la sensación de un universo vacío, tan desolado como un muelle sin barcos. No bien las dijo cuando se arrepintió, sintiéndose algo impúdica frente a esa muchachita ingenua, a la que nada tenían que importarle sus preocupaciones.

—¿El año entrante? ¿No es demasiado preocuparse desde ahora por lo que va a pasar el año entrante? A mí apenas si me importa lo que va a pasar mañana.

Ana no pudo evitar una sonrisa desdeñosa.

—Eso le pasa a uno cuando tiene veinte años y es inmortal. El año entrante, mi niña, es dentro de tres meses.

—Inmortales o no lo importante es entender lo que nos pasa hoy. ¿Le interesa saber lo que pasa hoy con su vida?

Gabriela, en verdad, se comportaba a veces como una retrasada mental.

—Gabriela, chiquita... —El tono de Ana era condescendiente.

Pero la muchacha, sin decir palabra, había salido de la habitación con cortos pasos de geisha, deslizándose en sus medias azules. Sus zapatos, viejísimos, quedaron al pie del sofá como dos aburridos bostezos. Que aquella su pequeña confesión desasosegada quedara flotando en el aire causó un malestar extraño en Ana, malestar que apenas empezaba a cuajar cuando Gabriela entró de nuevo con un pañuelito estrellado y una caja en sus manos.

—Venga acá, al suelo —ordenó la muchacha.

A pesar de las reiteraciones de Ana, Gabriela se negaba a tutearla. Ahora, arrodillada, la muchacha extendía el recuadro de seda brillante sobre el tapete.

—¿Qué es? —preguntó Ana.

Gabriela abrió el cofre de madera que traía, sacó un mazo de cartas, lo puso con cuidado sobre su palma abierta y se lo extendió a Ana.

—Parta —dijo. Su voz era a la vez blanda y firme, como un trozo de plastilina.

—Deja que me sirva un whisky —dijo Ana, divertida. Sacó la botella del cajón y vació un poco en un vaso.

Gabriela esperaba, sentada sobre sus talones.

—Yo también quiero uno —dijo. Su voz aniñada parecía estar pidiendo un pedazo de torta de chocolate.

Ana le sirvió un trago y luego se sentó frente a Gabriela, curiosa, con las piernas en posición de loto.

—La policía podría arrestarme por llevar a la perdición a una menor de edad —dijo.

La muchacha encendió uno de sus cigarrillos, y con su mano derecha extendió el mazo de cartas.

—No podrían. En agosto cumplí diecinueve.

Ana tomó un pequeño montón y se lo devolvió. No creía en nada que tuviera que ver con la suerte, pero le causaba gracia ese juego en manos de esa extraña niñita de cuerpo andrógino y cabeza de delincuente juvenil.

Gabriela dispuso las cartas con el anverso hacia abajo en forma de cruz celta. Luego volteó la primera, como quien pasa la página de un libro. Hacía esto con su mano izquierda, porque era zurda, mientras sostenía el cigarrillo entre los dedos.

—Aquí —dijo Gabriela, y señaló la muerte con su índice rematado por una uña pequeñita y rosada, donde se dibujaba, perfecta, una media luna muy blanca— se ven restos de cosas. Hay una víctima, un sacrificio, pero también un anuncio de renovación.

—Eso me suena a cristianismo —dijo Ana, entre divertida y burlona. Se preguntaba dónde habría aprendido Gabriela su cháchara de pitonisa. La muchacha destapó la segunda, una carta transversal.

—Y eso lo confirmamos aquí. Esta carta señala que usted está pasando por una prueba —siguió diciendo, sin inmutarse—. ¿Ve la mujer desnuda, bailando entre la guirnalda? Nos habla de una persona que sólo encuentra dolor porque le gusta el dolor.

Y agregó enseguida, sin mirar a Ana, pero sonriendo:

—Dolor en el pecho, en la solapa, en la cartera...

Que el verso conocido brincara en medio de aquella catarata esotérica de una muchacha que no sabía si abrumar era con b de burro o v de vaca volvía a sorprender a Ana.

Gabriela bebió un gran trago de whisky y apretó la colilla en el cenicero.

—Aquí el rey habla de motivación. ¿Se puede escapar del dolor?

Ana la miraba, sin saber si aquélla era una pregunta retórica o hecha para ser contestada. Un delicioso escalofrío le recorría la espalda, como cuando iba de niña a la biblioteca del colegio y oía el suave susurro de sus compañeras aprendiendo las lecciones de memoria. Gabriela miraba las cartas con gran concentración, como si en ellas estuviera escrito el discurso que recitaba.

—Dicen que no se puede escapar más que hacia arriba. Hay que escapar del dolor, que es una forma solapada que muchos encuentran de ser felices. Escapar no es huir, dice la papisa. ¿Ve esos rayos? Son la fantasía. O las fantasías. Una escalera de cuerdas que nos permite escapar hacia arriba.

Miró a Ana unos momentos y continuó:

—Pero usted, se ve, no es capaz de muchas fantasías.

—¿Y cómo sabes? En cambio tú pareces capaz de *demasiadas* fantasías.

Ana sonreía con cierto malestar. Empezaba a no parecerle apropiado que aquella jovencita se sintiera autorizada a darle lecciones de vida.

—Lo sé porque lo dice la papisa, que está invertida. Pero además…

—Además… ¿qué?

Las manos de Gabriela descansaban ahora en su regazo, una suavemente sobre la otra. Sentada así, sobre los pies, con los párpados inclinados y el dulce cuello desnudo, parecía una liviana japonesa dispuesta a tomar el té. Ana la miraba, con la barbilla apoyada entre sus manos, esperando. La vocecita de Gabriela se hizo apagada, secreta.

—No hace falta el tarot para saber que usted se está ahogando, con piedras o sin piedras en los bolsillos.

Ana sintió de nuevo una ligera irritación. ¿No era una insolente aquella criatura que se amparaba en su juego para meterse en lo que no le importaba? De inmediato cayó en cuenta, sin embargo, de que era ella la tonta al mostrarse susceptible después de entrar voluntariamente en el juego.

—Dijiste que me ibas a decir qué va a pasar conmigo el próximo año…

Gabriela volvió a mirar su cruz celta, abandonada sobre el pañuelo rojo con estrellitas azules, y permaneció un rato en silencio, con concentración de científico. La muerte, el emperador, la torre, el mundo, la papisa, y otras figuras cuyo nombre Ana ignoraba, hieráticas e impenetrables, miraban al cielo raso de su mansarda con sus capas escarlata brillando entre sus geografías astrales.

—La Torre dice… que es necesario que se convenza de que el pasado ya no existe…

—¿Y qué más dice la torre?

—O que simplemente el pasado ha dejado de ser útil —Gabriela se bebió el resto de su whisky de un solo sorbo. Comenzó a recoger las cartas, poniendo una sobre otra.

—Pero no has terminado… —dijo Ana, con sorna moderada. Ya empezaba a interesarme.

Gabriela hizo un pequeño mohín, apretando los labios.

—Por hoy los Arcanos Mayores ya dijeron todo lo que querían decir.

Ana odiaba todas las insensatas supercherías del universo esotérico. Lanzó a Gabriela una mirada de lástima.

—¿De verdad crees en eso, Gabriela?

La muchacha se rió, echando hacia atrás su cabeza.

—Claro que sí —dijo, y empezó a ordenar sus cartas en el cofre—. Pero además debo practicar.

—¿Por qué? ¿Vas a abrir un consultorio como el del Indio Amazónico?

—No. Aunque quizá sería más interesante que hacer índices.

Gabriela extendió su vaso vacío para que Ana le sirviera otro trago, pero esta se negó, escandalizada.

—¿Mi papá era un alcohólico, sabe? —dijo Gabriela. El whisky, que había bogado con sed de marinero, la había vuelto locuaz—. Era un tipo muy sensible. Yo me parezco a él, no a mi mamá. En verdad —bajó la voz— ella es una mujer ordinaria. Y mi papá era un ser especial, que se equivocó mucho. Yo, como él, tengo tendencias alcohólicas… pero creo que no me equivoco tanto.

—¿Fue él quien te dio a conocer a Vallejo?

—A Vallejo, a Pessoa, a Baudelaire…

Puso el vaso en la bandeja, al lado de las tazas vacías. Se paró, apretando su caja en una mano y el pañuelo en la otra. Metió primero el pie derecho y luego el izquierdo en los zapatos sin cordones. Luego pasó por encima de la bandeja y caminó hasta la puerta. Ana la miraba, todavía sentada sobre la alfombra, con su vaso a medio llenar en la mano.

—Ocupa tu tiempo en cosas más útiles —dijo—, porque te sobra talento.

Gabriela se detuvo y mirando sobre su hombro contestó, sin dejar de sonreír:

—No creo que sea una buena idea. ¿Quién dice que algún día no sobreviviré leyendo el tarot en alguna plaza de Alejandría?

5

Ana, que tenía para el comercio del arte esa misma intuición que hace que el buen corredor de bolsa se anticipe a los movimientos bursátiles y que en ciertas mujeres equivale a un sentido premonitorio de la moda, manejaba, desde hacía más de diez años, su propia galería de arte. Cuando Emilio, para hacer posible el sueño de su mujer, invirtió en esta empresa parte de sus ahorros, la dosis de agradecimiento de Ana se duplicó de manera inmediata. Sin embargo, y aunque nunca lo expresó, no recibió este ofrecimiento generoso como un regalo, sino como una deuda que algún día querría voluntariamente pagar.

Esta noche, como tantas otras veces, había sido testigo del triunfo del joven pintor invitado, que fascinó a la concurrencia con su extravagante fauna en colores agresivos. Y sin embargo no estaba alegre. Parecía distraída mientras pasaba de un grupo a otro y no pudo reprimir su irritación cuando uno de los meseros manchó accidentalmente con vino el vestido de una de las invitadas. Cuando al salir su amiga Malena le pidió que la acompañara a la fiesta de cumpleaños de un amigo común, Ana se excusó: ya sabía, no podía descuidar a Emilio. Pero además se sentía deprimida, con ganas de irse a dormir enseguida. Cuando dijo estas palabras su mentón se puso a temblar y sus ojos se nublaron con una instantánea catarata de lágrimas. Malena, que por ser uno de esos seres cuyo temperamento los inclina siempre a la euforia no conocía sino de nombre la depresión, diagnosticó con toda la contundencia de que fue capaz que aquello era un bajón hormonal. Luego, agarrando a Ana de la muñeca, como un médico que toma el pulso a su paciente, le preguntó cuántos whiskys se había tomado.

—Sólo uno —contestó ésta, condescendiendo a un diálogo que le parecía inútil.

—Eso es. Te falta el segundo. Es un estimulante maravilloso de las endorfinas, de modo que adormece toda clase de dolores. Si no quieres ir donde Lucas, no vayas. Pero ven y nos tomamos algo en el barcito de la vuelta.

Mientras Malena la tomaba de la muñeca, Ana miró al cielo despejado y en él vio a una adolescente que entraba de puntillas a su casa y descubría en la oscuridad los ojos amenazadores de su padre que la esperaba despierto. Se dejó convencer blandamente. Fueron, pues, a un lugar cercano, donde con esa facilidad para la confidencia que suelen tener las mujeres, se enfrascaron en una emotiva conversación que les hizo olvidar el tiempo.

Mientras subía a su carro, dos horas después, Ana vio que la luna lucía espléndida, y su brillo la remitió a una lámina infantil de *El tesoro de la juventud* donde muchos enanos de gorros rojos bailan tomados de las manos. Arrancó, pero en vez de dirigirse a la carretera que la llevaría a su casa tomó hacia el sur. Hizo esto contrariando una parte de sí y sin explicarse muy bien qué iba a hacer. Estos impulsos irrefrenables eran para Ana uno de los rasgos de su temperamento que más detestaba: una vez que alguno tomaba posesión de ella se rendía a su fuerza, casi antes de poder dar cualquier batalla. Había bebido más de la cuenta y se sentía blanda, liviana. Unas cuadras más adelante se dio cuenta de que en la ciudad había un movimiento insólito y comprendió, sorprendida, que era la fiesta de Halloween. Entre los carros vio máscaras y capas, y en las calles los rezagos de un pequeño ejército de supermanes, cebras, hadas, que arrastraban su inocencia de celofán a aquellas horas. Miró el reloj: las once y quince. Los gamines, sumados a la celebración, se acercaban a los carros en tropel: una corona hecha con un cartón de Marlboro convertía a éste en rey efímero, y unos bigotes de gato dulcificaban la fiereza de aquél. Manejó por la carrera séptima, hacia el centro, sintiendo que en el fondo de su cerebro una determinación empezaba a nacer, un capricho al que ya no podía renunciar. En un semáforo, un hombre desdentado amenazaba a los conductores con una varilla. Ana lo eludió, impasible, porque su corazón latía por razones distintas: había aparecido ya la silueta inequívoca de los enormes edificios, con su austeridad rodeada de árboles enormes que se volvían azules con la cálida luz de los faroles.

Mientras estacionaba, Ana sintió ambiguamente que se odiaba y se maravillaba de su propia osadía. Un par de gemelos, idénticos, se le acercaron, ofreciéndose para cuidarle el carro. Uno de ellos ocupaba una silla de ruedas, el otro era su conductor. Los vio alejarse mientras caminaba hacia la pequeña plazoleta en semipenumbra, donde revoloteaban unos cuantos muchachitos con su disfraz. Más allá, un grupo de adultos conversaba, las mujeres enfundadas en chales, los hombres con bufandas y las manos en los bolsillos. Ana los eludió, amparándose en la sombra, y se dirigió al fondo, donde estaba la fuente. Allí se sentó, sintiendo su borde húmedo y pensando que el que ha empezado una estupidez no tiene más remedio que llevarla hasta el final. Entonces contó, mirando la alta torre: uno, dos, cuatro, cinco, seis... Por un momento se despistó: ¿Sería aquella sin luz? ¿O tal vez la de más arriba, la de la persiana blanca, iluminada? El corazón empezó a latirle más aprisa, como si no fuera ella la voyerista sino la descubierta en ese acto inútil, errático, desesperado. De un bar cercano salían, hostigantes e incansables, las notas de una pegajosa canción: "Linda muchacha fue la que me dio su amor, la que me dio su amor, la que me dio su amor...". Concentró su vista en ese solo punto, con esfuerzo, dolorosamente. La persiana blanca, una lámpara encendida y nada más. ¿Pero sería ésa, en verdad, la ventana? Y si lo fuera, ¿qué esperaba ver? ¿Qué obstinación la llevaba a ese lugar tantos meses después? En su cartera llevaba el teléfono celular. ¿Y si marcaba? Al fin y al cabo, no era tan tarde. ¿Y qué diría, qué podía decir después de tanto tiempo de orgulloso silencio? Tal vez tan sólo un saludo, un saludo desprevenido y amigable en aquella noche con luna, habitada por fantasmas y vampiros. No había terminado de concebir enteramente la idea cuando la rechazó, aterrada. Estaba un poco borracha, eso era todo, ablandada por el whisky, a punto de cometer una torpeza. ¿No era ya suficiente insensatez haber venido hasta aquí, espiar esa ventana exponiéndose a encontrarse con alguien conocido, a quien no sabría explicarle su extraña presencia en ese lugar? De pronto le pareció ver, al costado derecho de la ventana iluminada, una sombra. ¿O tal vez dos? Una mano de hierro le apretó los intestinos. No, no era tal cosa. Era, estaba segura, una falsa impresión, una fantasía de su mente, una confusión de la vista. Observó de nuevo. Por un momento no vio nada, sólo la ventana iluminada, limpia de toda presencia. Pero enseguida sus ojos divisaron la ventana contigua, en el otro costado, un recuadro con una pequeña cortina descorrida, sin duda la cocina. Y allí, en movimiento, las siluetas de dos personas, demasiado lejanas para haber podido identificar su género, ocupadas tal vez de hacer la limpieza después de comer. Cerró los ojos, agotados por el esfuerzo, con una repentina sensación de náusea. Sudaba. Entonces tuvo una impresión ligera pero estremecedora: algo rozaba su mano, se hundía delicadamente en su piel. Frente a ella, un niño de unos ocho años, con capa y sombrero, la miraba, blandiendo su espada de plástico.

—Hola —dijo Ana, aliviada.

—Hola —dijo el niño, y sus bigotes de mosquetero, dibujados cuidadosamente por una madre solícita, se movieron levemente—. Ya es muy de noche.

—Eso te digo.

El muchachito levantó la punta de la espada y la puso muy cerca de la cara de Ana, apuntándole en medio de los ojos. Ella no se movió. Los niños la incomodaban con facilidad.

—No es hora de que un mosquetero esté en la calle, aguantando frío, ¿no crees?

El niño estiró los labios y zumbó. Bajó la punta de la espada hasta la garganta de Ana.

—Quieto, Aramís —dijo ella.

—No soy Aramís —dijo con un remilgo el mosquetero y hundió levemente el arma de juguete en la piel.

—Eres un malcriado —dijo Ana, retirando la espada con la mano.

El niño la miraba a los ojos. Su pelo era rojizo, y su cara de un color dorado, con pecas. La punta de la espada permanecía alzada, en abierta provocación.

—No molestes, niño tonto —dijo ella, tratando de dulcificarse.

—Tonta usted —dijo él.

Era un niñito repulsivo, pensó, a pesar de la aparente dulzura de su gesto.

—¿Y tu mamá?

El muchachito duró unos minutos en silencio, mirándola. Tenía el labio superior untado de una sustancia brillante, tal vez de caramelos.

—¿Y la suya? —preguntó. Y después de una pausa:

—Usted no tiene mamá, ni papá. ¿Cierto? Usted no tiene a nadie.

Ana sonrió de manera ambigua.

—¿Y por qué crees eso?

—Porque la gente vieja ya no tiene papás.

De repente, con gesto insólitamente diestro, el niño enganchó con la punta de la espada la pañoleta que Ana llevaba al cuello y se alejó corriendo con ella.

—Mocoso, mocoso de mierda —susurró Ana, adelantándose unos pasos, avergonzada enseguida de sus palabras. Empezó a sentirse ridícula. El muchachito, a escasos dos metros de distancia, ondeaba su pañoleta como una bandera. Algunas de las personas que charlaban en la entrada del edificio miraron por un instante. Tal vez creyeron que era una mamá jugando con su hijo. Ana no quiso moverse.

—Dámela —dijo.

El pequeño mosquetero desenganchó la prenda con su mano izquierda y la conservó en alto. Como quien cabalga un caballo imaginario dio la vuelta por detrás de la fuente y se paró un instante contra el borde. Se quedó mirando a Ana, con sus infantiles ojillos achocolatados.

—Dámela —dijo Ana.

El chico la seguía mirando. Tenía unas pestañas largas y hermosas.

—Dámela, Aramís.

Entonces el pequeño abrió sus minúsculos deditos pegajosos y soltó la pañoleta entre el agua.

—Yo no me llamo Aramís —dijo. Y salió corriendo, haciendo sonar sobre los ladrillos sus pequeñas botas de mosquetero.

6

La luz de la luna ponía en la carretera efímeros resplandores azules. En la radio John Cale empezó a cantar *Chinese Envoy*, y Ana tuvo la impresión de que la melodía, perezosa, era líquida y corría debajo de su piel. No sentía temor, como otras veces, ni esa terrible ansiedad de pensar en el carro atravesado en el camino, en los faros deslumbrantes siguiéndola, sino una opresión cálida en la garganta, las piernas temblando, el deseo de unas manos que le pasaran un pañuelo húmedo por su frente. Pensó que le convendría vomitar, o tal vez tomarse un alkaseltzer o una pastillita de quaidé antes de dormirse. Entonces el paisaje nocturno, con su monótono pavimento limitado por sauces a lado y lado, y su cielo tan claro que parecía parte de un decorado falso, se onduló de repente, se hizo borroso, como si se reflejara en un espejo distorsionado. Ana sintió que empezaba a vaciarse de una opresión, que una tristeza laxa la envolvía como una corriente de agua tibia, pero no comprendió que estaba llorando sino cuando se oyó cantar *She was a princess, much lower than people thought...* Dejó entonces que las lágrimas salieran, tumultuosas, como las palabras de aquella canción que hablaba del amor sin tener que nombrarlo, y que se desatara el nudo que no la dejaba respirar.

Manuel, soñoliento, abrió la amplia entrada de madera y Ana respondió su saludo con una sonrisa forzada. Entró a la casa a oscuras, moviéndose sin tropiezos en espacios de sobra conocidos. Caminó de puntillas hasta la habitación de Emilio, verificó que el timbre quedara al alcance de su mano. Sus ronquidos eran ahogados, difíciles. Reacomodó suavemente su cabeza hasta que la respiración se normalizó. Entonces vio luz en el cuarto de Gabriela, que tenía la puerta entreabierta. Miró el reloj de la mesita de noche: las doce y treinta y seis. Sin deliberación, casi sin querer, miró a través de la rendija, con sigilo. Gabriela dormía de medio lado, sobre la cama tendida, con las manos cruzadas entre los muslos, vestida apenas con una camiseta, unos calzoncitos de algodón y calcetines. Su piel era de un blanco helado. Ana aprovechó para echar un vistazo al cuarto, que había sido redecorado por la muchacha; en las paredes había colgado dos afiches con chinches de colores: uno era un viejo cartel de Casablanca, que reproducía la famosa escena en la cual Humphrey Bogart e Ingrid Bergman se dan aquel triste beso de despedida al lado del avión con los motores encendidos. El otro era una reproducción de un cuadro de Egon Schiele. Sobre la mesita de noche, en un portarretrato de papier maché color violeta se veía la foto de un hombre atractivo, de unos cuarenta años, caminando por una calle, vestido con un elegante vestido claro. La foto había sido recortada, probablemente para que cupiera en el portarretrato, y se alcanzaba a ver parte del vestido de una mujer que en ese momento lo acompañaba. Al lado de la foto había un objeto curioso: una esfera de vidrio adosada a una base color cereza que lucía una placa con la inscripción "Mon chérie" y tenía una cuerda de metal. Dentro de la esfera se veía una ardilla debajo de un árbol. Si se daba vuelta a la esfera caían pequeños copos blancos simulando la nieve. La caja de crayones estaba abierta sobre la alfombra, al lado de un cuaderno, y había papeles arrugados, una taza vacía, un cenicero con una colilla. Aquella insensata iba a despertarse tiritando de frío, pensó. Así que, procurando no hacer ruido, Ana buscó en el armario una manta y la cubrió con ella. Gabriela abrió ligeramente los ojos y sonrió. Cuando Ana estiró la cobija para tapar su cuello, la muchacha acarició su mano, como agradeciendo. Pero tal vez estaba soñando, pues cuando salía, y apagaba la luz, oyó su profunda respiración acompasada.

Antes de dormirse Ana buscó entre sus recuerdos uno grato, reconfortante. De tanto usarlo estaba ya, como tantos otros, pulido, simplificado. Y sin embargo se detuvo en él, lo repasó de nuevo, como alguien hambreado que muerde un hueso de pollo. Las primeras imágenes del sueño la asaltaban ya cuando recordó que no había tomado su pastilla para dormir. Pero estaba demasiado rendida para incorporarse. Se llevó el dedo pulgar a la boca y se arrulló un poco. La luna se había escondido y comenzaba a helar sobre la sabana.

7

Ahora Ana se está mirando desnuda, frente al espejo. Por el ojo de la marquesina entra una luz reconfortante, la de una mañana despejada, muy azul. Ana se contempla como si viera a una desconocida. En realidad la atafagada rutina diaria apenas si le da tiempo para observarse. El paso del tiempo ha ido acentuando en ella, piensa, rasgos de sus antepasados más cercanos, que empieza a reconocer con cierto malestar. El óvalo de la cara, por ejemplo, desde que los cuarenta llegaron a su puerta, ha perdido, aunque de modo casi imperceptible, su línea firme, y un ligero ensanchamiento, la vacilación del contorno en el mentón, le recuerdan a una vieja tía paterna que echaba sobre sus mejillas tanto rouge que parecía decorada por un pastelero. Sus padres la llevaban de cuando en cuando a verla, y cuando la tía se acercaba a Ana para besarla, podía sentir un olor fuerte que emanaba de ella, no sabía bien si de sus ropas o de su piel, un olor que a Ana se le antojaba mezcla de farmacia, perfume y enfermedad. En su mente infantil era simplemente olor a vieja.

Ana le teme a la vejez. Se ha visto siempre más joven, y la reiteración en boca de otros de su rotunda juventud acentúa su miedo de perderla. Aquel niño malcriado la ha llamado vieja. El espejo le dice ahora que una sombra imprecisa, un nimbo oscuro pero innegable, ha venido a adherirse a su cuerpo con la fuerza de un presagio. Su carne todavía firme, la tersura saludable de la piel —qué piel tan suave, había dicho Martín la primera vez que la vio desnuda, acariciando el contorno de su ombligo, ese extraño punto cero de la anatomía humana— parecieran negar en apariencia esa avanzada del tiempo. Pero hay un ojo, un ojo adiestrado por la costumbre, que puede percibir, desentendiéndose de las miradas de los demás, las pequeñas alteraciones del cuerpo que nos pertenece. Con ese ojo Ana puede ver sobre su cuerpo desnudo la imperceptible lluvia de polvo con que el tiempo comienza a opacar el brillo de sus años más plenos.

  La madre de Ana murió dos años antes, de una pleuresía. Ella y su hermana se turnaron para cuidarla en el hospital. Había sido una mujer hermosa, de ojos color musgo y cejas espesas, que tenía la virtud de verse alta sin serlo. Esta mujer, cuya belleza sin duda disminuía la de sus hijas, jamás había permitido que ellas vieran su desnudez, que consideraba impúdica, y aun el día en que sufrió quemaduras en la cocina cuando la jarra del chocolate hirviendo le cayó encima, siendo ellas unas niñas, lo único que se le ocurrió cuando fueron a auxiliarla fue taparse con su bata de seda, a pesar del dolor. Ya una anciana, mientras agonizaba atormentada por la asfixia, no tuvo más remedio que permitir que sus hijas intervinieran en los cuidados de su limpieza. Ana se horrorizó cuando en el cuerpo empequeñecido por la enfermedad, en su vientre, blanco y traslúcido como el de un molusco, en los muslos flácidos y las piernas secas, reconoció las líneas secretas de su propio cuerpo, la cifra aterradora de su propio futuro. El día en que murió, en el cuarto se levantó un olor extraño, a frutas descompuestas, y Ana tuvo que hacer un esfuerzo para contener las náuseas: el cuerpo de su madre, que tan poco supo del placer, era ahora carne delicuescente, materia que se desintegraba en vapores. Días más tarde, cuando fueron a recoger sus cenizas, ella fue la que tomó en sus manos la urna. Se sorprendió de que aquella minúscula mujer, reducida a los huesos en los últimos meses de enfermedad, pesara de ese modo. Su hermana sugirió que regaran con ellas los rosales que la madre había cultivado con fervor durante años. Ana accedió con la condición de no participar en tan macabra ceremonia, y pensando secretamente que aquellos despojos no eran su madre, fue indiferente a lo que se hiciera con ellos. En todo caso, se dijo, resultaría mucho mejor que alimentaran los gruesos pétalos olorosos que entronizarlos en la casa en su fúnebre cofre metálico.

Su madre le enseñó, pues, a no mirar su cuerpo. Ni ella ni el padre acariciaron casi nunca a sus hijas, inhibidos por todo aquello que significara intimidad. Pero Ana fue siempre rebelde. Cuando empezaron a crecerle los senos se observaba desnuda con una fascinación espantada. Sentía que debajo de su piel había un misterio, y entre sus piernas la posibilidad de un horrible pecado. Queriendo descifrarlo, tuvo un día el valor de beber en su mano ahuecada un poco de su propia orina, y lo único que la sorprendió fue que no sabía amargo, como se imaginaba. Varias veces debió confesarse de tener malos pensamientos, y lo que eran pecados veniales se convirtieron en falta mortal la tarde en que, con una prima de su misma edad, se dedicaron a explorar una a otra sus cuerpos como un par de entomólogos.

El primer beso que recibió Ana se lo dio un primo que pasaba vacaciones en su casa, dos años menor que ella, el día en que cumplió trece años. Jugaban en el sofá, haciéndose cosquillas, cuando él agarró sus brazos por detrás y apretando sus labios contra los de ella metió la lengua en su boca. Ana apretó los dientes sin compasión y el resultado fue una incisión de medio centímetro que le impidió a Benjamín comer con sal durante una semana, y un llanto que hizo que su madre bajara apresuradamente las escaleras, creyendo que había sucedido una desgracia. Fue Ana misma la que inventó los detalles de un accidente en que su primo se había golpeado con su rodilla. Mientras la madre trataba de parar la sangre con un algodón empapado en merthiolate, ella, por detrás de su hombro, amenazó al muchacho levantando el dedo índice. Pero desde entonces soñó con un beso de veras.

La virginidad la perdió a los diecisiete, borracha, en un campamento de scouts, detrás de una carpa, con un muchachote dorado que había conocido hacía seis horas y que olía a agua de colonia Roger & Gallet. Estaba tan asustada que luego caminó entre la lluvia hasta un lugar lejano y vomitó contra un árbol, sudando frío. Al día siguiente el muchacho evitó mirarla, pero Ana no sintió rabia, ni tampoco culpa. Ya para entonces había dejado de creer en Dios, y para escándalo de su madre, no volvió a misa, pero poseía un espíritu religioso que nunca la abandonaría y dentro del cual difícilmente cabía el pecado. Sintió que su cuerpo había recibido un bautizo de fuego. Y aquello no parecía una metáfora. Una ola caliente la recorría a menudo, y le llegaba a los ojos, humedeciéndoselos. Su hermana la miraba con desconfianza, su madre con preocupación: algo en ella les hacía pensar que estaba a las puertas del infierno.

Ana mira a esa desconocida momentánea de manera implacable. Lo único que ha heredado de su hermosa madre es el cuello, largo y delicado, y las suaves manos de maestra. En cambio es ligeramente caída de hombros, como su padre, y tiene los pies, como él, demasiado grandes y delgados. Le gustan sus ojos, pequeños pero expresivos, y la boca, que denota carácter. También la frente despejada, que para su madre era señal de inteligencia. Odia en cambio sus senos grandes, trasplantados hasta su cuerpo por un gen imprevisible, de alguna abuela desconocida. Y sus horribles rodillas.

Ana se mira, pero sus ojos no son los suyos. Juega a ser mirada por otro. Por otro, para el que su cuerpo es ya tal vez un borroso recuerdo. Ana se consuela: lo único que jamás se olvida es el cuerpo de alguien que hemos amado. Es posible que olvidemos los detalles, el dulce hueco que forma la clavícula, el color de unos pezones, la textura del vello. Una memoria última sabe sin embargo del cuerpo poseído detrás del cuerpo, de su densidad, de su manera de latir. Una memoria última que es en nosotros una segunda piel y ya no duele.

II. Lo que fue nuestro

1

Catorce meses antes Martín había abandonado a Ana, después de ser su amante durante cinco meses. Durante un tiempo considerable se habían estado viendo sin verse en aburridas reuniones periódicas convocadas por una institución distrital. Un día que llegaron temprano, coincidieron en el patio soleado de la vieja casa colonial y compartieron durante unos minutos la banquita de hierro del abundoso jardín. Intercambiaban tontas apreciaciones sobre la belleza de la casa y del tiempo, cuando Martín se paró en forma abrupta, fue hasta un árbol de tronco sarmentoso coronado por cientos de flores azul-malva, y trajo en su mano un trémulo racimo.

—Son glicinas —dijo asombrado—. Glicinas en el trópico.

Explicó que en un pueblito del mediterráneo donde había vivido en sus tiempos de estudiante su jardín literalmente se asfixiaba de glicinas al comienzo de la primavera.

—Abría los ojos por la mañana, en aquel pueblo donde sólo había cabras, y veía un triple azul por la ventana: el azul brillante del cielo, el más profundo del mar, y el pálido, casi rosado, de las glicinas. Pensaba entonces que al menos esos amaneceres redimían mis días llenos de tedio.

Ana quiso saber dónde quedaba ese pequeño paraíso y qué había ido a hacer allá. Martín le habló de Porticcio, de sus rocas cristalinas, de sus lentiscos y sus brezos y de la iglesita del diecisiete donde había hecho sus prácticas. Entonces, mientras hablaba, Ana *lo vio*. Vio su rostro de rasgos firmes, y el gesto de su boca y la decisión de su mirada. Todo eso vio con sus ojos castaños y con aquellos más íntimos del corazón, y perdió la tranquilidad. Lo único que se le ocurrió para disimular su turbación fue decir que sólo había oído hablar de glicinas en las novelas. Y añadió:

—Pero además, creo que no se dice glicinas sino glicinias.

—Glicinas —aseguró Martín.

—Glicinias —se empecinó Ana.

En ese momento fueron interrumpidos por el director del Instituto y abandonaron el jardín pues la reunión ya empezaba. A la semana siguiente, Ana se sentó a su lado en la mesa de trabajo y le murmuró al oído, a manera de saludo:

—Glicinas o glicinias. Da lo mismo. Lo dice María Moliner.

Fue el principio de una relación vertiginosa y revuelta como una avalancha de río. Ana se lanzó a ella con la inconsciencia de alguien que cree que no tiene nada que perder. Martín tampoco intentó defenderse del aluvión que lo arrastraba. Pero como jugaba siempre el juego de la verdad, apenas supo que se había enamorado de Ana se lo dijo a su mujer, con la que tenía un matrimonio difícil. Cumplía así con un pacto de sinceridad mutua —aunque, tenía que reconocerlo, algunas aventurillas sin importancia no habían merecido el esfuerzo de la confesión— y, por otra parte, pedía auxilio mientras se aseguraba de anticiparle a su esposa el dolor de una pérdida. En realidad, Martín, que era el cuarto de cinco hermanos, había descubierto prontamente que decir la verdad le traía dividendos. Cuando eran pequeños, su madre les repetía, con insistencia: "El que es mentiroso es ladrón". Era una mujer muy honesta, pero también muy ocupada, pues entre el primero y el último de sus hijos apenas si había ocho años de diferencia: siempre estaba curando rodillas rotas o bajando fiebres, cuando no remendando camisas e inventando qué hacer de comer, porque el padre había sufrido una bancarrota y ella se encargaba de hacer menos notorias las penurias económicas. Cuando preguntaba, acongojada y furiosa, quién se había comido el queso que quedaba para el desayuno o quién había roto la jarra del agua, Martín, al contrario de sus hermanos, se apresuraba a confesar la culpa, con expresión entre aterrorizada e inocente, y a pedir perdón. La madre, que apreciaba la sinceridad por encima de cualquier cosa (el marido, que era un donjuán, solía decirle mentiras), le acariciaba la cabeza y hasta dejaba que sus ojos se llenaran de lágrimas.

Para que el juego de la verdad fuera completo, Martín, a pesar de ser un hombre de pocas palabras, le dijo a Ana que le había confesado a su mujer que estaba enamorado de ella. Quería así mostrarle la transparencia de sus comportamientos y confesarle su amor, pero de paso se encargaba de recordarle que él tenía una esposa, a la vez informada y dolida.

Ana se sintió expuesta, delatada, desnuda, convertida en rival de una extraña que no le interesaba. Pero se había enamorado de Martín con esa obcecada pasión de los seres sin demasiadas experiencias amorosas, de modo que encontró en su honestidad una razón más —si no la fundamental— para amarlo. Bien porque creía que la verdad no es definitiva a la hora de hacer nuestras elecciones, o porque estaba segura de que la frontera entre la verdad y la mentira es a menudo confusa, o por causas menos claras y menos dignas, guardó silencio sobre su nueva pasión.

Varias eran las razones que sostenían el amor de Ana. La primera era que sentía que en el silencio de Martín cabía el mundo: sus pocas palabras, como la punta del iceberg, la abismaban a un universo que suponía denso y misterioso, inalcanzable. La segunda razón era que Martín era de huesos largos y luminoso como un atardecer en la playa. Y la tercera, que Ana, como tantas personas, había encontrado una oportunidad de depositar en alguien su carga de amor; por tanto, era propensa a dejarse lastimar. Y era que Martín amaba de una manera particular: cuando sentía una emoción verdadera buscaba en su parte negra un alfilercito punzante y lo clavaba sin piedad en aquel ser cercano que la había hecho nacer. Como a los militares o a los médicos, a Ana la crueldad la atraía de forma irresistible.

Disfrutaba también con los conocimientos dispersos y a menudo inútiles que Martín convocaba como pájaros domesticados:

—Estos urapanes, que son de crecimiento rápido —decía, señalando los copos brillantes que dejaban caer sus hojas ocre sobre los senderos del Park Way—, los sembró Hochin, un arquitecto japonés, en el 48, para tener arborizada la ciudad para la Conferencia Panamericana.

—¿Cómo lo sabes? —preguntaba Ana.

Daba lo mismo que Martín contestara o no contestara: Ana amaba sus palabras tanto como sus silencios.

Pero además, de manera caprichosa, Ana quería a cierta gente por sus defectos, lo que explica que amara la parte más difícil de Martín: su lado incisivo, que a menudo lo llevaba a la burla despiadada o al juicio desdeñoso, su mordacidad destructora, y el rigor inamovible de sus juicios, que a menudo lo convertía en un fanático.

En su adolescencia, mientras leía con apasionamiento las vidas de los santos, Martín había anhelado el fuego del martirio, la parrilla candente que lo purificaría. En su primera juventud participó rabiosamente en un movimiento de izquierda y volvió a desear morir por una causa. La madurez lo había llevado a pensar que ni siquiera valía la pena creer en alguna. El desasimiento de las creencias que acompaña a menudo la entrada a la edad adulta equivale, metafóricamente, a una caída. Pera ya se sabe que cuando lo que se pierde es la fe en una creencia que alguna vez hemos escrito con mayúsculas, ya sea el Partido, la Iglesia, el Amor, en fin, cuando se cae de cualquier misticismo, se cae doblemente. La consecuencia había sido, en el caso de Martín, un escepticismo medular, que había dejado intacto, sin embargo, ciertos gestos patéticos: mientras le advertía al mundo con su humor en carne viva que no creía en nada, salvo en el eterno retorno, defendía con una vehemencia de militante su creencia en cosas minúsculas. Esa vehemencia aumentaba la admiración de Ana, pues estaba convencida de que tanto la violencia de su apasionamiento como su espíritu destructivo estaban justificados por una posición ideológica.

Finalmente, Ana quería a Martín por todo lo que no sabía de él, pues es sabido que sólo podemos enamorarnos de aquel que nos es parcial o totalmente desconocido.

En julio un verano arrasador hizo de Bogotá una ciudad distinta, de andenes hirvientes y muchachas semidesnudas que tomaban el sol en las bancas de los parques. Ana convenció a Martín de que salieran a un día de campo, y le pidió a Malena que le prestara su cabañita de fines de semana para pasar el día. Malena le advirtió que estaba en un lamentable descuido, esperando apenas una reparación general para ser vendida, pero se mostró contenta de contribuir aunque fuera indirectamente, como celestina, a la felicidad de su amiga. Arrancaron al final de la mañana en el carro de Martín, y recorrieron los cincuenta kilómetros de carretera a una velocidad adolescente, con la música puesta, casi en silencio. Luego el automóvil trepó por un camino destapado y llegaron a lo alto de la montaña, desde donde se divisaba la laguna. Un campesino de ademanes pausados, pulcro como un cirujano, recibió la nota de Malena y a cambio entregó a Ana las llaves. Entraron a la casa, que era modesta y pequeña, con un porche en madera sembrado de plantas. Olía a madera, a lana, a bellotas de eucalipto. La sala y el comedor eran dos espacios desolados, con apenas un viejo sofá, una mesa de madera, dos bancos humildes y algunas reproducciones desteñidas en las paredes. Con curiosidad voyerista bajaron al sótano, donde, entre cajas y cajones, encontraron un montón de curiosidades inservibles, y exploraron las habitaciones semivacías y la mansarda, donde había una pequeña biblioteca y se respiraba un fuerte olor a humedad.

Entre los títulos de la estantería, repletos de novelas escritas por mujeres y libros de Jung, Freud, Mircea Eliade, Ana descubrió un libro pequeño, de portada blanca.

—Éste se lo di yo, en uno de sus cumpleaños.

Era una breve antología de Emily Dickinson. La edición rústica permanecía con sus hojas intactas, algunas sin cortar. Tenía una pequeña dedicatoria escrita con tinta verde. Ana se lo metió en el bolsillo de su chaqueta, y salieron a caminar por la orilla de la laguna, donde las garzas de andar quebrado hundían sus picos en el agua buscando renacuajos. Luego se sentaron sobre la hierba mirando el paisaje recortado por la cordillera, y el agua, tan quieta y misteriosa como una noche prehistórica. La superficie de la laguna tenía un brillo de acero templado, y la luz del aire reverberante era tan deslumbradora que desdibujaba el contorno oscuro del bosque de pinos. Hablaron largamente, mientras comían los sánduches que Ana había preparado, y disfrutaban la brisa que amortiguaba la contundencia del sol.

—¿Crees en Dios? —preguntó Ana, conmovida tal vez por la serenidad del mediodía. La solemnidad de la pregunta pareció coger a Martín por sorpresa. Sonrió, apretando las cejas, y luego, mirando el agua que llegaba, turbia, cerca de sus zapatos, dijo:

—Dejé de creer hace tiempo, desde el día en que murió mi hermano.

—No sabía que se te había muerto un hermano —dijo Ana, en voz muy baja, como si en realidad estuviera diciendo lo siento—. ¿Cuántos años tenía?

—Catorce.

—¿Y tú?

—Dieciséis.

A los amantes las pequeñas revelaciones del ser amado les parecen siempre generosos regalos, quizá porque creen que poseer esos datos equivale a poseer al otro. Ana agradeció la confidencia con un respetuoso silencio. Allá lejos, en la carretera, se oyó la bocina de una flota.

—Le dio una peritonitis —continuó Martín—. Fue un día en que pintaron la casa. Dormíamos en el mismo cuarto y habíamos escogido para las paredes un color que llaman azul cobalto. A mi mamá le pareció espantoso, pero así y todo respetó la elección, advirtiéndonos que habíamos perdido el sentido del gusto. Esa noche, como la pintura estaba todavía fresca, dormimos en el cuarto de mi hermana, que tenía unos diez años, en colchones tirados en el piso. El penetrante olor a pintura llegaba hasta nosotros. A mi hermano le empezó a doler el estómago como a las diez de la noche. A la una hubo que llamar al médico. Se quejaba, se quejaba de una manera espantosa… ¿Sabes qué decía?

—¿Qué?

—Que no soportaba el olor a pintura. Que le daba náuseas. Como a las tres se lo llevaron en una ambulancia. Y ya no volvió más. Mejor dicho, volvió muerto. Cuando vi su cara, la cara de un desconocido, pensé que no había Dios.

Arrancó unas hierbas de entre las piedras y las arrojó al agua.

—Hace ya casi treinta años y todavía hoy el olor a pintura me remonta a esa noche.

—¿Y te hace falta? —preguntó Ana.

—¿Mi hermano?

—No. Dios.

Emilio sonrió.

—El marqués de Sade dice que no sabemos qué hacer con un dios sin dimensiones que sin embargo lo llena todo con su inmensidad, un dios omnipotente que nunca logra lo que desea, un ser infinitamente supremo que sólo crea seres insatisfechos, un amigo del orden bajo cuyo gobierno todo está en caos. *La filosofía en la alcoba*. Pornografía, filosofía y blasfemia. Una combinación explosiva. Y a ti, ¿te hace falta?

—No ahora, precisamente —dijo Ana, besando a Martín en su boca apretada, mientras pasaba la mano por detrás de su cabeza, en una amorosa caricia.

Luego caminaron por el pequeño bosque, pisando el suelo mullido y húmedo, mientras Ana buscaba hongos y admiraba sus duras caperuzas rojas. Una llovizna fugaz los devolvió a la casa y mientras Ana trataba de hacer café en una cafetera casi inservible pudo ver en la cara de Martín la palidez del deseo. Como el desvencijado sofá amenazaba con ceder, subieron hasta la mansarda buscando un espacio propicio. Mientras examinaban la cama de dimensiones monacales, Ana se lamentó de estar desperdiciando el bosque cercano, con su mullido colchón de musgo. Pero ya era tarde para tales reflexiones, de modo que se rieron, mirándose a los ojos, y se amaron, no sobre la cama estrecha que más bien llamaba al sacrificio, sino sobre el desastrado tapete oloroso a moho y a polvo. Ana iba a recordar después cómo Martín siguió mirándola a los ojos mientras la acariciaba, con un brillo extraño, un brillo más allá del brillo del deseo, y no dejó de mirarla con mirada afiebrada mientras se hundía en ella, y cómo todavía después del amor, cuando ya las cabezas descansaban sobre la alfombra, muy juntas, los ojos de Martín volvieron a fijarse en los suyos, como hechizados, de modo que Ana veía un solo ojo en medio de su frente, la frente de un adorable Polifemo que parecía querer fijarla en su pupila para siempre. Mientras se vestían Ana preguntó.

—¿Qué le dijiste a…?

No pronunció el nombre. Era la primera vez que hacía referencia directa a la mujer de Martín.

—Que iba a encontrarme con una mujer entre un bosque de pinos, por supuesto.

La tarde empezaba ya a llenarse de los resplandores que anteceden al azul añil de la noche cuando abandonaron la cabaña y devolvieron las llaves al hombre. Éste, con el sombrero en la mano, se lamentó de que se fueran.

—Van a perderse del atardecer, hoy, que hay luna brava.

Regresaron sin prisa, aunque Ana no había olvidado que esa noche tenía un compromiso en casa del director del hospital, que celebraba su cumpleaños. De vez en cuando, Martín ponía cariñosamente su mano sobre la suya. Al despedirse, Ana le dijo, mientras estregaba su nariz contra la de él:

—Martín, cásate conmigo. Yo te haría feliz.

Los dos sabían que era una broma.

—¿Por cuánto tiempo? —preguntó Martín.

Ana lo pensó un momento y respondió con una sonrisa:

—Tres meses. O tal vez seis.

Entonces sacó del bolsillo de su chaqueta el librito de poemas y se lo entregó.

—Léelo —dijo—. Ella me encanta.

Al entrar a su carro miró el cielo despejado. Como un disco de níquel, dura y muy pálida, en lo alto brillaba la luna brava.

2

Cuando Ana entró a su casa, con el aire falsamente desenvuelto de los adúlteros, oliendo a Martín, pensando en Martín, amando a Martín, encontró a Emilio sentado en la biblioteca, con un periódico sobre las rodillas, la música puesta muy alto y los ojos fijos en el cielo raso. Parecía meditar sobre algún trascendental problema de la existencia, quizá sobre su propia muerte. Tenía puesto un fino vestido de paño gris y una discreta corbata azul. No era muy alto, pero poseía una contextura recia, y unas espaldas anchas que le conferían a su figura un aspecto aplomado. En ciertas circunstancias, las cejas pobladas, casi mefistofélicas, y las manos cuidadas, de ademanes severos, le daban un aire de fría distinción.

Ana asomó la cabeza y saludó desde la puerta. Emilio pareció volver de su remoto planeta para preguntar:

—Emperador asirio. Once letras. Empieza por A.

—Asurbanipal —contestó Ana. ¿Ya nos vamos?

—Te estaba esperando. Pero dame quince minutos mientras acabo el crucigrama.

Desde hacía más de veinte años, cada noche, mientras no estuviera en el hospital atendiendo algún caso urgente, éste era el entretenimiento favorito de Emilio.

Luego veía los noticieros uno tras otro y antes de dormirse leía veinte páginas de alguna novela que le hubiera escogido su mujer. Después de un rato ésta debía quitarle delicadamente las gafas y recoger el libro abierto que rodaba sobre las cobijas.

Ana subió a ducharse. Memé la siguió, con la toalla en la mano; la criada había engordado, y resoplaba con el esfuerzo que le exigía la escalera. Mientras subía iba rezongando y quejándose: el señor la había sacado de paciencia protestando porque no encontraba una corbata y culpándola de su desaparición. Seguro que la había dejado olvidada en alguno de sus viajes y ahora se desquitaba con ella.

Memé era el odio más cercano de Emilio, aunque esta pasión la experimentaba por igual con los perros, los porteros de los edificios, los meseros, y de manera más disimulada, y sin saberlo, con las mujeres en general. Así, cuando hablaba con una pareja, solía dirigirse exclusivamente al marido, mientras de vez en cuando echaba una que otra mirada condescendiente a la esposa. Cuando Ana estaba presente, Emilio ignoraba con deliberación a la criada. Pero si su mujer estaba fuera de casa, la sometía a pequeñas torturas: devolvía dos o tres veces un vaso, por mal lavado, corregía con ironía los defectos de su dicción, y le ordenaba tareas imposibles como buscar telarañas debajo de los muebles o devolverles el brillo a unos zapatos ya acabados.

Emilio era un hombre de hábitos arraigados y pequeñas manías, con ideas particulares sobre la salud y los hábitos alimenticios, así como sobre cientos de aspectos minúsculos de la vida diaria. No bebía nada con las comidas, y su salivación insuficiente producía al masticar un sonido pastoso. A la hora de comer partía la carne con meticulosidad digna de su profesión: trozaba un pedazo y luego hacía pequeñas incisiones en él introduciendo el cuchillo entre los dientes del tenedor. Enseguida se llevaba el alimento a la boca y lo masticaba con gran cuidado hasta convertirlo en bolo y deglutirlo. Tomaba seis vitaminas en la mañana, dejaba el cepillo dental con la crema encima antes de meterse a la ducha, no resistía que el cordón del teléfono colgara por delante del aparato, y solía pasar el dedo por el marco de los cuadros para ver si tenían polvo. Mientras podía enfrentar los grandes problemas con una serenidad pasmosa, un desajuste en cualquiera de esos pequeños detalles podía desatar en él accesos de furia incontrolados. Alguna vez descolgó un cuadro y lo estrelló contra el suelo, rompiéndolo en mil pedazos, porque suponía que alguien había hurgado su mesa de noche y hecho desaparecer su navaja suiza, heredada de su padre. Pasó el resto de la noche aspirando él mismo los vidrios, pues Memé ya estaba dormida y Ana se trasladó al sofá de la mansarda y eso sólo porque era demasiado tarde para abandonar la casa para siempre. La navaja apareció al día siguiente, de modo misterioso, en la guantera de su carro, y Emilio sostuvo durante días que era una estratagema de Memé para devolver lo robado. Ana no tuvo otro remedio que bajar de su palomar una semana más tarde, cuando reconoció que aquel incidente tal vez no ameritaba el divorcio y sí en cambio empezaba a sufrir dolores en la columna vertebral.

    Este hombre de rutinas inflexibles y modales adustos era, sin embargo, descuidado en aspectos insospechados. Casi nunca, por ejemplo, era capaz de controlar la expresión de su rostro. A menudo permitía que la boca y la quijada colgaran perezosos, dándole a su semblante un aire prematuramente avejentado, como si sus músculos se tomaran la revancha frente a tantas implacables exigencias que se hacía a sí mismo y le hacía al mundo exterior. En los últimos meses Emilio había encontrado una forma adicional de relajarse: en las noches, mientras dormía, sus intestinos se distendían llenando el aire de flatulencias apestosas.

Mientras se bañaba, Ana oyó todavía el revoloteo de Memé, que se movía diligente por el cuarto poniendo sus cosas en orden. Y cuando salieron, ella los despidió sonriente y dispuesta, olvidada ya de todo agravio.

Una mujer rubia de ojos enormes abrió la puerta, luciendo su amplia sonrisa de anfitriona. Con su coqueto vestido salmón, del mismo color de los labios y de las saludables mejillas, parecía una rosa de almanaque. Una fragancia extraña, como de caramelos, se desprendía de toda ella. Tenía un nombre absurdo, en perfecta consonancia con su vaporosa apariencia: Dalila. Era la segunda mujer del director médico, un hombre de unos cincuenta años, de labios muy finos, al cual su peinado de colegial, brillantemente engominado, le hacía ver siempre como acabado de salir de la ducha. De este hombre elegante y autoritario, con veleidades políticas, se decía que había conseguido la jefatura del hospital gracias a su suegro, un general de la República. El desbordamiento de feminidad de Dalila le hizo recordar a Ana que no había embetunado sus botas.

Allí estaba el honorable cuerpo médico del hospital en pleno, a cuyos miembros Ana veía en reuniónes sociales desde hacía más de quince años. Entre los habituales de siempre reconoció al director de epidemiología y a su mujer, gruesa y ordinaria como un tubérculo, metida en un vestido de flores, a Merino, uno de los radiólogos, con su aire de playboy y su eterno chaleco amarillo de cachemire y al pobre de Guillermo, compañero de universidad de Emilio, viudo hacía cuatro meses y padre de tres muchachitos, quien con sus ojeras violeta y su barba arisca pintada de canas parecía un viejo buey agotado. Los hombres, cada vez más gruesos y sedentarios, y también un poco más aburridos, rotaban de un grupo a otro con un trago en la mano; salvo la jefe de pediatría, que jamás abandonaba a su marido, las mujeres, sentadas en fogón, charlaban en forma animada. En una esquina, de pie, se veía una mujer joven y atractiva, desconocida para Ana, asediada por dos hombres, probablemente también médicos. Ana, en un desesperado gesto de supervivencia, buscó a Guillermo, a quien le tenía simpatía, y se sentó a su lado en un banco enano, frente a la chimenea.

Sobre la mesa del comedor, un enorme pernil lucía su color dorado sobre una cama de lechugas, y se veían varias ensaladas, quesos, y una fina torta de chocolate.

—¿Qué quieres tomar, queridita? ¿Whisky, vodka?

"Queridita" era como la llamaba siempre Dalila, acompañando esta palabra con unas palmaditas sobre la espalda. Para ella, que era bacterióloga, los oficios de Ana eran algo tan absolutamente extravagante y cercano a la nada, que naturalmente la trataba con condescendencia y un dejo de lástima. A los pocos minutos volvió con un vaso en la mano y se lo entregó a Ana con el gesto acucioso de quien trae un remedio a un enfermo grave.

—Te lo traje sin hielo, como sé que te gusta, queridita. Porque no es sino verte para saber que te estás muriendo del cansancio. ¡Qué ojeras, Dios mío!

Se dirigió entonces a los invitados más próximos, mientras ponía su mano sobre el hombro de Ana:

—Esta mujer me llena de admiración y de envidia. Hace cosas sensacionales, de lo más sofisticadas, sin el más mínimo alarde. El otro día la vi en el periódico y corrí a mostrarle a todo el mundo: "ésta es mi amiga Ana", les decía, "me siento orgullosísima de tener una amiga tan importante".

Ana, que se incomodaba con este tipo de elogios, recibió el comentario con una sonrisa que se debatía por ser amable. Desde donde estaba oía la conversación de las mujeres que, entre bromas y risas, pasaban de un tópico a otro en forma vertiginosa: del perro de los pobres niños, operado de cataratas —de cataratas, un pobre perro, mejor la eutanasia— al horror del tráfico —¿es que alguna de ustedes se ha arriesgado en los últimos días por la sesentayocho?—, a unos ponqués buenísimos y baratísimos —el mejor es el de agraz aunque el de naranja es suavecito— o a las vacaciones en Cancún —unas playas divinas, la arena parece harina—. El director de epidemiología, extrañamente abandonado de todos, se había sentado muy cerca de la mesa del comedor, y alargaba de tanto en tanto el brazo, tomaba una tajada de pan, y la untaba de mantequilla. La engullía luego de dos tarascadas, de modo que sus labios quedaban siempre brillantes de grasa y con unas migajas colgando. De cuando en cuando su mujer, arrebolada por el vino, lo miraba desde el otro extremo juntando las cejas.

Después de sostener una larga conversación con Guillermo, Ana, que tenía, como es de suponerse, mucho con que fantasear, se dedicó a contemplar las piruetas caprichosas del fuego. Nada le gustaba tanto como mirar las llamas ondeando y chisporroteando, efímeras y siempre renovadas. En los primeros años de su matrimonio, cuando se fueron a vivir al campo, prendía la chimenea todas las noches. Cuando Emilio viajaba, solía dormir en el piso, al lado del fuego que se extinguía, tapada con una manta gruesa, y era feliz en la salita en penumbra, que olía a madera húmeda y a la lana cruda de la alfombra. Tal vez fue cuando nació su hija que perdieron esa costumbre. Desde hacía unos años ya nadie encendía la chimenea, aunque había una gruesa pila de leña en el jardín.

Ana miraba las doradas estrellitas fugaces, el nimbo azul de las llamas, pero en realidad veía unos labios misteriosamente emancipados del rostro, flotando en su memoria como una extraña flor perversa que contiene un centro húmedo y carnoso. Los vio abrirse, temblando, y quedarse allí, en medio del fuego, pálidos como una mariposa surreal, y fijados en un gesto imposible y perturbador que hizo que sintiera en su nuca el estremecimiento de un soplo caliente. Entonces oyó la voz de Dalila haciéndole preguntas sobre María José, el museo, y su estado de salud, en fin, cualquier cosa que la sacara de su ensimismamiento. A todo contestó Ana con cordialidad y buen tono, y aunque fue breve, todos los que la oían, incluida ella misma, se aburrieron con las respuestas.

Dalila ensayó otra cosa. En uno de los viajes con su marido había visitado un famoso museo y allí había descubierto las pinturas de Modigliani: sus mujeres lánguidas de cuellos inverosímiles le habían causado un gran deslumbramiento. Durante un tiempo había deseado parecerse a ellas, lo que la llevó a ensayar en el espejo desmadejamientos de la cabeza acompañados de un ligero entornar de los ojos. Cada vez que veía a Ana sentía que debía hablar de Modigliani, pero como no sabía muy bien qué decir optaba por el recurso más sencillo de preguntar:

—Me dijiste que conocías a Modigliani, ¿no?

Ana apenas movió la cabeza, porque era la tercera vez que ese diálogo se llevaba a cabo.

—¿Y te gusta?

Ana asintió de nuevo con la cabeza, aunque un gesto de su boca relativizó en simultánea su respuesta.

—Tú que sabes de esas cosas, dime: ¿es verdad que Modigliani pintaba sus cuadros *así* porque tenía un defecto de la vista? Eso dijeron en un programa de televisión de esos culturales —se apresuró a aclarar.

Como Ana contestara con un tono abiertamente sarcástico, y la jefe de pediatría comenzara a bostezar, aunque con discreción, contorsionando con un esfuerzo todos los músculos de la cara, Dalila, temiendo que la reunión decayera, al menos en esa esquina de la sala, puso el tema de una película de moda, supuestamente erótica y muy controvertida. La sorpresa de Ana fue grande cuando oyó que Emilio, incorporándose en forma espontánea a la conversación, se deshacía en elogios abstractos sobre la misma. Habían estrenado esa cinta hacía unas pocas semanas y su marido era un hombre tan apegado a su rutina que era casi imposible que la hubiera visto. Era el tipo de mentiras que él soltaba en público de vez en cuando: del todo gratuitas, irrelevantes e inútiles. Alguna vez que, ya en privado, Ana se burló de ese extravagante proceder, él se limitó a mirarla fijamente, con ojos momentáneamente velados por el odio.

Mientras comían, Ana observó a Emilio: sostenía el plato sobre sus rodillas con dudoso equilibrio, de modo que un movimiento cualquiera amenazaba con hacer caer sobre la alfombra los restos de ensalada y jamón acaramelado; por el aspecto desencajado de su rostro supo que estaba borracho.

En ese momento una extraña presencia sorprendió a los invitados. Ana percibió el incómodo silencio que se hizo durante unos segundos y al mirar al recién llegado comprendió bien la razón: era un hombre joven pero de edad incalculable, y con un prognatismo tan acusado que, visto de frente, recordaba aquel retrato de Carlos II el Hechizado pintado por Carreño de Miranda, en cuya mirada hay a la vez tristeza e idiotez. No tenía ningún defecto visible, pero algo en su cuerpo hacía pensar en una gran joroba o en un tórax hendido. Como si fuera poco, llevaba una gorra ridícula sobre el pelo escaso, que le cubría las orejas. Traía un estuche musical en su mano y entró a la sala con paso vacilante, acompañado del director médico. Como todos persistieron unos segundos en un silencio embarazoso, Dalila se apresuró a presentarlo como un ahijado de su marido. Sin duda había venido a hacer una demostración de sus nuevas destrezas, con motivo del cumpleaños del anfitrión, quien, añadió bajando la voz, le costeaba las clases de violín. Como en aquella información latían las subterráneas ondas de quién sabe que datos omitidos, los presentes trataron de indagar algo más observándolo con detenimiento. El director del hospital permanecía de pie a su lado, con visible incomodidad, de modo que en su sonrisa había un pequeño rictus, un gesto forzado.

Al cabo de un rato Dalila apagó la música y pidió atención para el recién llegado, que interpretaría una pieza musical. El muchacho no se hizo rogar. Sin sonreír ni un instante abrió su estuche, sacó el instrumento con gran cuidado, lo acomodó con ademanes pausados y arremetió con una danza popular, en el colmo de la concentración. Su barbilla y sus manos temblaban. Mientras algunos se llevaban a la boca los últimos bocados de sus platos de postre o se limpiaban los labios con las servilletas, ya evidentemente satisfechos, las notas del violín se derramaron sobre los asistente como cuchillas mojadas. El muchacho sudaba a chorros, con los ojos apretados y el labio inferior, grueso y un tanto agrietado, trémulo. Dalila tenía la cabeza ladeada y una sonrisa complaciente, como queriendo dar a entender lo tierno que aquel personaje le resultaba. La melodía se prolongó tartajosa, atravesada de disonancias, de abruptas estridencias, de *staccatos* rechinantes, hasta su desesperado final. El intérprete hizo una venia moderada, sonriendo por primera vez. Los invitados aplaudieron, ellos también con una sonrisa entre divertida y atónita. Cuando el hombrecito abrió los ojos, muy serio, brillaban con una ligera humedad. Los dos anónimos médicos jóvenes habían dejado de coquetear con la muchacha y se habían situado muy cerca del intérprete, con las manos entre los bolsillos, observándolo con mirada curiosa y burlona. A la pregunta de la anfitriona sobre qué iba a interpretar enseguida, el jovencito —porque tal vez lo era— anunció con voz tímida el nombre de su próxima pieza. Sus palabras produjeron en algunos una hilaridad inexplicable, como si los sorprendiera el hecho de que de esa garganta pudiera salir sonido alguno. Ana se preguntó cómo un dios sabio, todopoderoso y bueno podía incurrir en tales desproporciones a la hora de la repartición de gracias.

      La nueva melodía se elevó con idénticas inflexiones que la primera, mientras el músico se concentraba en ella casi dolorosamente, entornando extrañamente los ojos. Una vez terminada, y como el intérprete se veía todavía angustiado y sudoroso, los dos médicos jóvenes decidieron que sería bueno que se tomara un trago para darse ánimos, así que uno de ellos le sirvió un whisky puro. Cuando lo vieron bebérselo de una sola vez, lanzaron una animada carcajada. Pero el muchacho pareció ignorar aquellas risas. Ana bajó la cabeza y apretó los labios; un súbito malestar la había invadido: aquella figura grotesca la conmovía. De nuevo sonó la música, pieza tras pieza, de nuevo los jóvenes médicos llenaron el vaso del muchacho, sin que nadie se lo impidiera, y bebieron ellos y bebieron los demás, que ya no oían los sonidos destemplados del violín, devuelta la atención a la charla interrumpida. Dalila había desplegado sus ímpetus de ama de casa, vaciando ceniceros y recogiendo platos, seguida de la mujer del jefe de epidemiología, en medio de cuchicheos cómplices; Guillermo, por su parte, silencioso, extendía delante de sí su mano izquierda y arrancaba del borde de sus uñas algún cuerito molesto. La jefe de pediatría había cerrado los ojos con la actitud del que escucha con atención, aunque quizá estaba echándose un sueñito discreto. Y el resto del honorable cuerpo médico hablaba, como es de rigor, de casos clínicos, y de la lamentable situación de la medicina en estos tiempos nefastos de la democratización de los servicios a través de la medicina prepagada. Emilio, por su parte, bebía su whisky y hablaba con la mujer joven mirándola fijamente a los ojos aunque con una expresión perdida. Solía mirar así a las mujeres mientras hacía bromas provocadoras, pero una vez daban muestras de estar interesadas y aventuraban algo al respecto, él se desentendía de ellas, considerando que ya había logrado lo fundamental. Por lo demás, se jactaba frente a sus amigos de ser un monógamo integral.

Cuando Ana le hizo una señal para que se marcharan, Emilio fingió que no la veía. Una hora más tarde, cuando se despedían de los anfitriones en el umbral de la puerta, al echar distraídamente un último vistazo a la sala, Ana vio en un rincón del sofá, como una pobre marioneta olvidada por su dueño, al miserable violinista que dormía con la gorra tapándole los ojos.

3

Ana da vueltas en su cama, chapoteando entre imágenes antiguas y recientes que se mezclan en su duermevela como en un enorme mortero, alteradas por sus emociones y por la confusión de su cerebro atormentado. Tiene la sensación de que una nata espesa y viscosa ha penetrado por algún resquicio de su piel y ahora permea lo que algunos llaman alma y otros espíritu. Debe tener fiebre, pues de otra manera no se explicaba la humedad de su cuello, el ligero temblor de las piernas, el abismo de pesadilla que se abre a cada instante debajo de sus párpados. A su lado oye roncar a Emilio; desde donde está puede percibir claramente el olor de su piel, que le recuerda el de la leche agria, y sentir su aliento cargado de alcohol. Sin orden ni concierto vienen a su memoria pequeños episodios de su vida matrimonial, que se reacomodan cada vez de manera distinta.

Recuerda nimiedades. El día en que, estando en una reunión de amigos, oyó cómo su marido hacía traquear los nudillos de sus dedos. Ella había puesto su mano con delicadeza sobre las manos de Emilio, y con un gesto casi imperceptible le había hecho notar que aquello la mortificaba. Él suspendió el ruido por un rato, al cabo del cual lo reanudó de manera tan persistente que parecía deliberada. Pero no lo era. Ana no supo entonces cómo explicarse que en quince años de matrimonio no hubiera percibido aquella manía, que, después constató, era algo habitual en él. Fue como si ese gesto descorriera el tupido velo que había estado escondiendo por años a un hombre desconocido: una suma de necedades minúsculas y de pequeñas intolerancias y prejuicios y de insignificantes odios y violencias se desplegaron ante sus ojos como la cola de un cometa nefasto y arrastraron sus propias intolerancias y prejuicios y violencias al escenario silencioso de los días comúnmente habitados.

Ana voltea ahora su rostro hacia la mesita de noche para evitar el tufo de Emilio, se tapa la cabeza con la almohada para no oír sus ronquidos. Hace ya mucho que no besa a su marido, piensa. La humedad de su boca y la densidad de su lengua le resultan molestas, como las de un animal ajeno que se trepa al sofá y nos lame las manos. Pero no puede hablar de que haya muerto el deseo. Cuando su marido la abraza ella cierra los ojos y se entrega, con la misma blanda docilidad con que se sumerge cada mañana en su día como en una espesa masa de niebla.

¿En qué momento dejó de ser esa adolescente arisca y atormentada que se encerraba en su cuarto durante días? Se ve a sí misma poniéndose el ridículo vestido de novia ayudada por su madre y por su hermana, posando para aquellas fotografías que ha escondido en el fondo de los cajones, y deja que la vergüenza la abrase como otra fiebre. Allí empezaron sin duda sus metamorfosis, piensa. Mujer-carey, mujer-motor, mujer-ovillo. Si ahora abriera sus ojos, si se incorporara levemente, podría ver su bicicleta estática como un extraño animal mítico que la observa desde una esquina del cuarto. Y en ella una mujer que pedalea sin ir a ninguna parte, contemplando eternamente el mismo paisaje, los mismos cuadros, el mismo orden estricto. Reflexiona en cómo durante años esperó con impaciencia la injuria verdadera, la humillación definitiva o la injusticia imperdonable que le proporcionaran una excusa para huir, sin reconocer que esas minucias son el sol negro de cada uno de sus días, y la suya la más empecinada de las cegueras y la más imperdonable cobardía.

Empieza ya a amanecer cuando una pequeña luz se hace en el magma de oscuridad y caos de su conciencia, iluminando en ella una sola idea fija, ineludible. Entonces parece descansar. Poco a poco la invade el sueño y entra a un universo blanco, vacío, sin nombres ni fechas ni rostros, tan plácido y neutro como la muerte.

La gata y el hambre la despiertan, a las once de la mañana. Mira por la ventana y la constatación de un día brillante, atravesado en su cielo por escasos jirones de nubes, la hace sentir como Lázaro saliendo de su tumba. Entonces elabora un recuento mental de sus tribulaciones nocturnas, de sus agitados pensamientos y deliberaciones. A la luz del día sopesa la determinación que tomó en la madrugada, y la siente contundente, sin aristas, lista para ser echada a rodar, como una esfera de plomo en la palma de la mano. Entonces llama a Emilio al consultorio, y le dice que lo espera temprano en la casa. Como éste indaga el motivo del extraño pedido, Ana es precisa:

—Me gustaría que habláramos un rato, como en los viejos tiempos.

Al otro lado del teléfono siente que Emilio suelta una risita sorprendida.

Ya en el museo, Ana saca la breve correspondencia de Martín, no más de cuatro cartas manuscritas y unos cuantos mensajes del correo electrónico que ella ha tenido el cuidado de imprimir, y por primera vez en cinco meses los lee detenidamente, como queriendo descifrar el sentido oculto de cada palabra. Luego los vuelve a guardar con cuidado en su gaveta y está un buen rato mirando a través de la claraboya las nubes barrigonas sobre el cielo desvaído del atardecer. Mientras maneja de regreso a su casa ve cómo se mece la mancha gris violeta de los eucaliptos contra el aire limpio de la tarde y se siente momentáneamente exultante y renovada. Piensa en aviones, en lugares lejanos, en una amplio balcón desde el que se ve el mar abierto. Pero en la noche, mientras come, solitaria, en el pequeño comedor auxiliar con vista al jardín, la atenaza una sensación punzante y amarga en medio del pecho.

Un paciente grave ha retenido a Emilio en el hospital hasta la madrugada, de modo que Ana debe refrenar su ansiedad y su impaciencia y aplazar la conversación para la noche siguiente. Antes de acostarse, para entretener un poco la mente, que busca de nuevo una a una las palabras que le ayudarán a explicarle a Emilio sus razones, abre el correo electrónico y encuentra, entre otros, un mensaje de Martín. Resulta un poco raro que se haya manifestado tan pronto, pues es especialmente perezoso para dar noticias suyas por ese medio. Sus palabras, además, son breves y perentorias: "Quiero verte mañana a las cuatro, de todos modos, en el cafecito de la tercera. No faltes". La hora de la cita es extraña, el tono demandante del mensaje también. Ana se siente halagada por la urgencia que advierte en el texto. A pesar de la angustia de sus últimas horas, encuentra que aquel vaivén de sucesos y sentimientos, con su carga de incertidumbre, le resulta una tensión estimulante. Pues nada, en verdad, odia tanto desde hace un tiempo, como el tedio insoportable de la rutina.

Aquella noche duerme mejor, pero tiene un sueño inquietante: se ve remando en un mar nocturno, lleno de fosforescencias. De repente, una mano gigante empuja su pequeña canoa, que se tambaleaba al borde de naufragar. Ana quiere echarse al agua, pero se percata con horror de que no puede nadar: sus piernas son dos muñones repugnantes, un par de masas tumefactas rematadas por vendas ensangrentadas. La intensidad de las imágenes la despierta, sobresaltada. En la noche de campo, llena de crujires y chirridos, comprende que no tiene a quién abrazar: solitaria en su orilla, oyendo la respiración acompasada de Emilio, se siente como cuando era niña y despertaba con la garganta inflamada y las sienes latiéndole. Para llegar a la cama de sus padres y meterse en medio, temblorosa y febril, había que bajar las escaleras y atravesar un pasillo. Ahora ella misma ha roto las escaleras y el pasillo se ha multiplicado, es un complejo laberinto que apenas empieza a recorrer con tanteos de ciego.

4

Cuando llegó a la cita con Martín tan sólo dos mesas estaban ocupadas: en una, un hombre en mangas de camisa parecía llevar cuentas. En otra, una mujer rubia y gorda, de antebrazos lechosos y cresta de papagayo, se sentaba muy cerca de un hombrecito moreno, de bigote cantinflesco. A la luz del día todo en aquel café parecía roñoso y mezquino: en el aire flotaba todavía el olor de la comida del mediodía, y del techo, sobre una estrecha pista de baile que Ana no había observado antes, colgaba una extravagante esfera de espejos que hacía las veces de lámpara.

Martín entró veinte minutos después, agitado, con el pelo lleno de gotas de lluvia, murmurando una disculpa sobre su tardanza, con esa ligera turbación de los amantes todavía recientes que se sienten a la vez atraídos y juzgados por la mirada de su pareja. Aunque Ana detestaba esperar, se alegró de verlo. Desde el último encuentro se sentía tan frágil y susceptible como un cachorro abandonado, necesitado de una caricia. Una vez Martín se sentó y recuperó todo su aplomo, se frotó las manos, adelantó los hombros ahuecando el pecho, y se oprimió la frente con los dedos: se moría de dolor de cabeza. A Martín siempre le dolía algo: la falange del pulgar de la mano izquierda, la garganta, la boca del estómago, la mandíbula que apretaba de noche más de la cuenta. Ahora, en verdad, se notaba agotado: tenía ojeras azules alrededor de los ojos y un semblante extrañamente sombrío. Sentados uno al frente del otro, Ana sentía cómo las afiladas rodillas de Martín rozaban ligeramente las suyas.

Hablaron de sus respectivas jornadas mientras la radio dejaba escuchar las baladas de Roberto Carlos, José Luis Perales, Leonardo Favio: un repentino viaje gratis en la máquina del tiempo. Los atendió un mesero pomposamente ataviado con un chaleco de rayas y corbatín de terciopelo que preguntó en forma afectada qué quería la dama y qué se le ofrecía el caballero. La pretenciosa carta estaba llena de excentricidades, incongruentes para alguien que echara un vistazo al lugar: café con cognac, aromatizado de manzana, té de frutas silvestres. Cuando Ana preguntó si no había nada normal, el hombre, mostrando su amarilla dentadura y con la cabeza ligeramente ladeada respondió que todo dependía de lo que la dama entendiera por ese término. No era el mesero, exactamente, lo que uno podría tildar de normal, así que se decidieron por cualquier cosa. Desde donde estaba, Ana podía observar cómo la mano del hombrecito moreno empezaba a trepar por entre los muslos de la mujer gorda mientras se miraban a los ojos con engolosinamiento total. Afuera había arreciado la lluvia y las secretarias, montadas en sus altos tacones, eludían los charcos dando saltitos.

Paradójicamente, Ana, que tan sólo pensaba ahora en el futuro, se dedicó a hablar del pasado, de cuando era una adolescente rebelde y huraña que se encerraba días enteros a pintar y a leer las novelas de Dostoievski. También a ella le daban tremendos dolores de cabeza. Le contó a Martín de sus tardes atormentadas, con la frente envuelta en paños de alcohol y los ojos vendados con un paño negro que le había confeccionado su madre y que la salvaba de la herida implacable de la luz. Y, como si encontraran este tema apasionante, se embarcaron en una extraña competencia de enfermedades: Martín recordó los infortunios de su operación de la columna para reemplazarle una vértebra aplastada, y de los tormentos de las agujas implacables en el tratamiento de la sinusitis. Ana abundó en detalles sobre el día en que se hizo una enorme herida en el cráneo por desobedecer las advertencias maternas y empezaba a hablar de sus infantiles ataques de amígdalas cuando cayó en cuenta de la morbosidad estúpida de la conversación y empezó a reírse a carcajadas. Martín la secundó, pero no demoró mucho en volver a un silencio empecinado. Tenía un temperamento inestable y solía cambiar de actitud bruscamente. A veces Ana veía cómo una especie de velo caía sobre su cara, alterando de un momento a otro sus facciones. O cómo su conversación pasaba de la animación al aburrimiento, como si su espíritu fuera una cometa loca, que se elevara para luego caer. De nuevo se llevaba ahora las yemas de los dedos a su amplia frente de tribuno, y se daba un ligero masaje de arriba a abajo. Acompañó ese gesto de un desinhibido bostezo. Ana se impacientó: Martín la citaba a sólo dos días de haberse visto, a una hora en que la obligaba a descuidar sus tareas, advirtiéndole que sólo tenían una hora por delante, y ahora se dedicaba a lamentarse en sus narices o a dar señas de aburrimiento. Se quejó.

    Entonces él fue abrupto, como otras veces. Explicó que no podía dilatar más un anuncio que debía hacerle.

—Es que he estado pensando que no puedo seguir sosteniendo tantas cuerdas con la misma mano.

Ana se demoró unos minutos en comprender, pero una vez lo hizo la impresión que tuvo fue poderosamente física: la de haber recibido un golpe seco entre las costillas, tal y como había leído en alguna novela de tercera categoría que sucedía en esos casos. Así que cuando se recuperó, tomó aire y atinó a decir, con voz que la sorpresa dejaba sin volumen, pero con un dejo de amarga ironía:

—Y la cuerda que quieres soltar es la mía…

Martín se veía pálido y demudado. Sin duda aquel anuncio le había costado un esfuerzo extraordinario.

En ese momento de detrás del mostrador salió una mujercita armada de un balde e implementos de aseo, y sin miramiento alguno con la escasa clientela empezó a lanzar agua sobre el piso de baldosas. Luego esparció chorros de un líquido violeta y se dio a trapear con energía admirable, golpeando en forma despiadada las patas de los asientos de madera. El olor del desinfectante se superpuso al de comida rancia. La pareja de la rubia y el hombrecito no sólo no se inmutó sino que los efluvios de la limpieza parecieron estimular su libido: ahora se besaban con ardor.

En situaciones extremas las palabras suelen llegar o demasiado pronto o demasiado tarde. Sin embargo, Ana sacó fuerzas para decir, con los ojos vidriosos:

—Dime por qué, precisamente, después de *ese* día.

Martín puso una mano sobre la suya, la apretó levemente, y contestó, después de un silencio:

—Por eso mismo.

Al despedirse, parados al borde de la acera, silenciosos y asustados, se miraron a los ojos, anclando por un momento uno en el puerto del otro. Lo que Ana vio en aquella mirada, efímero como un relámpago, fue una hondura dolida y amarga que no condescendía al sentimentalismo. Apretó el hombro de Martín con una ternura que era una velada promesa y se dio la vuelta.

Al llegar a su casa entró directamente al baño y vomitó. Era algo que no le pasaba desde la adolescencia. Esas náuseas súbitas la habían acosado desde niña, casi siempre en momentos inesperados y en sitios donde vomitar significaba un imposible o una desfachatez. Cuando tenía unos doce años le pasó la primera vez, en una fiesta infantil. Alguien le vendó los ojos, puso una varita en sus manos, la hizo girar sobre sí misma y la instó a romper la piñata, en medio de los gritos y los empujones de un grupo de niños que esperaban impacientes su lluvia de golosinas. Ana permaneció un momento paralizada, sintiendo que un sudor de vértigo le subía a las sienes. Alcanzó a soltar la vara y a destapar sus ojos antes de vaciar sus intestinos en medio de la afelpada alfombra. Desde entonces, y cada tanto tiempo, esos repentinos accesos, que la iban a acompañar mucho tiempo más, casi hasta sus años de universitaria, la habían mortificado, convirtiéndose ellos mismos en su verdadero motivo de terror. Todavía se veía de catorce años, impecable y olorosa a perfume, con unos zapatos rosados y medias color piel, vomitando detrás del carro en que un novio reciente la llevaba a una fiesta, tratando de no salpicarse el vestido y de que su joven acompañante no pudiera ver la carga apestosa que salía, enérgica e irreprimible, sobre la amplia avenida llena de luces.

Esa noche Emilio la encontró recién bañada y metida entre su vieja pijama de dulceabrigo, sentada en la sala, con las luces enteramente apagadas. La chimenea estaba encendida y las sombras se proyectaban en la pared como lenguas oscuras. A Ana le bastaron muy pocas palabras para enterarlo de su decisión. Lo hizo con delicada firmeza, casi con cariño, sin dar más explicaciones de las que consideraba necesarias. No mencionó a Martín: tenía la idea de que toda la verdad a menudo resulta tan perniciosa como inútil.

Emilio permaneció en silencio por un rato, mirando la pared, como penetrando la semipenumbra con su mirada neutra. Mientras Ana observaba su perfil grave, sus cejas agrestes, buscó en su memoria una imagen del pasado que le permitiera conmoverse, pero si había alguna se negó a ser convocada. Quedó a la espera de la réplica de Emilio, que daría pie, sin duda, a una conversación para la que no sabía si estaba preparada. Pero las palabras de su marido fueron mucho más breves que las suyas:

—Como tú quieras —dijo Emilio, secamente. Y luego, con ligera ironía:

—Sabes que nunca me ha gustado llevarte la contraria.

Entonces se levantó y con ademán pausado enderezó un cuadro que colgaba en la pared llena de sombras.

5

En los días siguientes, Ana sucumbió a un ataque de autocompasión. Tenía la idea de que su vida amorosa había sido tan pobre como desdichada. Se había enamorado nueve veces en sus cuarenta y seis años, si aceptamos como enamoramiento el que tuvo por un compañero de tercero de primaria, por el hijo de su profesora de francés —un niño rubio tres años menor que ella y que no sabía una sola palabra en español—, por un vecino suyo al que sólo conoció a través de la ventana de su cuarto y por el padre confesor de la sección de bachillerato. La primera vez tenía cinco años recién cumplidos y la destinataria de sus amores fue una niñita de nueve, de piel translúcida y ojos transparentes, con un pelo rayado de mechones albinos, que pasaba diariamente frente al portón de su casa con su uniforme a cuadros y su maleta llena de cuadernos. Iba a una escuela pública cercana y su madre decía que el color de su pelo se debía a los estragos de la desnutrición. Ana deseaba ardientemente entablar relación con esa chiquita, lo más parecido que conocía a un hada o a un ángel. Todos los días, cuando la veía aparecer en su calle, el corazón empezaba a latirle atolondradamente, pero las palabras que había juntado en sus labios se disolvían, temerosas, frente al pálido objeto de su amor. En una ocasión, por fin, reunió el valor suficiente para pronunciar la fórmula que le abriría las puertas del paraíso:

—¿Usted cómo se llama? —se atrevió.

La muchachita, sorprendida, hizo un gesto airoso para quitarse el mechón de la frente, lanzó una mirada de reojo a Ana, que permanecía sentada en el umbral, jalando los bordes de su bata con visible nerviosismo, y contestó:

—¿A usted qué le importa?

Hay que decir que en algunos de sus otros enamoramientos a Ana le había ido de igual o peor manera que aquella vez. Y sin embargo, siempre agradecía fervorosamente la llegada del amor. Sus contadas pasiones adultas habían sido por hombres recios, o dulcemente varoniles, a los que se había abandonado con femenina generosidad. La más intensa de ellas había sido la que sintiera por Martín. Estaba convencida de que ésta era la última vez en su vida que se enamoraba, y, sobre todo, de que sería la última vez en ser correspondida. Esa convicción acrecentaba notablemente su duelo.

Para distraer su pesar, y traicionando sus propias intenciones, trataba de hacer presente el pasado a fuerza de reproducirlo, sin entender que otro tiempo se le escapaba mientras tanto, blanco e inane, un presente de horas muertas. Ana, desposeída del cuerpo de Martín, de sus palabras, intentaba fijar sus recuerdos a fuerza de repasarlos, con la ilusión de atesorarlos para siempre; lo que entonces ignoraba es que ese evocar desesperado de las experiencias vividas —como sucede cuando contamos muchas veces la misma historia— las lima, las empobrece, las clava en la conciencia como a radiantes mariposas sin vuelo que van perdiendo la felpa brillante de sus alas. Al cabo de unos meses su repertorio de imágenes al respecto era tan fijo y conocido como el de las láminas de un libro que nos hemos visto obligados a hojear todos los días.

Ana se citó con Malena para almorzar, y vació en ella la carga de su desesperación. Llevaba en su mano una carta que acababa de recibir de Martín, cariñosa y austera, donde hablaba de amor y recuerdos intensos pero se ratificaba en su decisión. Con la carta había enviado, envuelta en papel de seda, una pequeña pieza de marfil, una delicada figura tallada que representaba la noche y que habían visto juntos en una tienda de anticuario.

—La retórica de un cobarde —dictaminó Ana después de leer el mensaje en voz alta, convirtiendo la nota en una bolita. Sus ojos se llenaron de lágrimas.

Malena no quiso complacer a su amiga ni en su autoconmiseración ni en sus nacientes rencores. Trató de explicarle que el que se marcha siempre tiene la razón precisamente porque tiene sus razones, y que comprender éstas no alivia en nada la pena pero ayuda a empezar a matar el amor.

—¿Matar el amor? ¿Pero no te parece ésa la mayor insensatez? Nos pasamos toda la vida buscándolo, ¿cómo puede ocurrírsete que uno quiera matarlo después de haberlo encontrado?

—Pues él quiere. Ya tomó su decisión, como tú tomaste la de dejar a Emilio. Respetarla es la única manera de quererlo. Alguien dice por ahí que a uno el aire vacío no lo rechaza. Se limita a decirle "estoy vacío".

Lo que además Ana debía tener claro, concluyó Malena, es que si una serie de contingencias alejaba a Martín de su lado no quería decir que hubiera dejado de quererla.

—¿Y esa hipótesis de qué me sirve?

—Para combatir la sensación de abandono.

Ana se irritó. Aquello no era lo que quería oír. Lo malo de Malena, pensó, era que tenía una formación de sicoanalista, así hubiera abandonado esa profesión hacía unos años. Eso es como haber sido jesuita: las señales no se quitan nunca. Se los puede descubrir por sus manos de pianista, por la manera de abotonarse el cuello o de cruzar las piernas. Era, sin embargo, una mujer serena, dueña de una lógica particular que divertía a Ana y a menudo le resultaba reveladora, aunque también de vez en cuando la llevaba a embarcarse en empresas inverosímiles condenadas al fracaso. Al contrario de Ana, Malena no veía la vida como una sucesión de esfuerzos encaminados a alcanzar una meta, y, en consecuencia, había dado tantas vueltas como se lo exigían sus impulsos o sus necesidades. Su sentido práctico la había llevado a conformar su ropero de prendas exclusivamente oscuras, y Ana debía obligarla a comprar zapatos cuando ya eran impresentables.

—Mira qué triste —se lamentó Ana— pensar que en este momento, y precisamente por él, yo me sentía llena y brillante como una piñata de cumpleaños. No te imaginas de qué manera me atormenta la máquina de recordar.

—Los recuerdos, Ana, son ausencias —sentenció Malena—. No conviertas tus días en un campo cementerio, lleno de bellas tumbas a las que cada mañana les pones flores. Tú, que trabajas con arte, sabes oler el tufo de muerte de los museos.

Malena puso una mano sobre la suya, y la cobijó con la mirada enternecida de una madre que arregla el pelo en desorden de una adolescente:

—Me gustaría darte un consuelo. Pero sólo se me ocurre decirte que es más importante la capacidad de amar que el ingenuo deseo de ser amado. Sé que es duro, pero creo que ahora te espera la más importante tarea de tu vida, que es ponerle un par de alas a tu soledad.

¡Dios mío! ¡Qué repugnante sartal de consejos! ¿En qué momento se le había ocurrido a ella, pobre tonta, venir a pedirlos? Quería a Malena, la consideraba como una hermana, pero había olvidado momentáneamente que su amiga iba por el mundo sobre un carrito lleno de frases que parecían extraídas de textos orientales, desconociendo la rotunda consistencia de los hechos. La miró, en silencio. Había envejecido, y su piel rosácea dejaba transparentar en las mejillas los vasos sanguíneos, que afloraban en dos delicados mapas de líneas púrpura. Además aquellos aretes que llevaba hoy eran demasiado grandes para su cara menuda. Cuando encontrara la ocasión se lo diría.

—¿Hace cuánto que no tienes una pena de amor? —dijo.

Malena sonrió, comprendiendo el sentido de la pregunta.

—Mucho. Pero eso ahora no importa. Ni tampoco Martín. Él es imaginario.

—Tú también. O yo —dijo Ana, retirando su plato intacto.

Cuando salió a la calle y sintió la algarabía del mundo comprendió que Malena tenía razón: estaba tan sola como un asteroide sin rumbo, como un hombre que sabe ya que va a morir y se entrega. Caminó sin rumbo, sabiendo que lo único que ahora la acompañaba , contra su voluntad, era el pasado. Las palabras de Martín, después de penetrar en su conciencia, habían quedado clavadas en su carne como un anzuelo: si intentaba expulsarlas, desgarraban su entraña dejándola en carne viva. Así que las había dejado permanecer, soportando su dolor vivo y ardiente, hasta que tuvo el valor de sacarlas a la superficie. Entonces las examinó lo más fríamente que pudo, queriendo fijarlas en un sentido exacto, unívoco, tranquilizador.

Martín, pensaba ella, creía en el poder de la verdad. Ésta ponía un nimbo dorado sobre su frente, como en los santos y los héroes, pero, como a éstos, le quitaba su humanidad, le permitía la crueldad. Y esa crueldad era una garantía: simplemente, se volvía a decir, no pudo sostener tantas cuerdas con la misma mano. Apenas Ana traía a su mente esas palabras, comprendía, sin embargo, que Martín había hecho una elección. Tan simple como eso. Había elegido a una mujer delicada y blanca o recia y morena, o quizá suavemente pelirroja, con un timbre de voz y unas manos y una manera de cerrar los ojos tan tangibles como los suyos; a una esposa querida o soportada o más probablemente amada en las mañanas y odiada en las noches o viceversa; había escogido una forma de vida, unos hábitos, una gratitud, unos miedos, una manera de estar en el mundo. Martín, se decía Ana, ahogaba su deseo de placer con tal de lograr una invulnerabilidad, por estéril y pobre que ésta fuera. No podía dejar de pensar que la mayoría de los hombres prefieren el útero perezoso de la costumbre a la aventura de ser expulsados al mundo, aun a costa de la intensidad. Al fin de cuentas, ¿no es natural querer quedarse para siempre al abrigo manso de un matrimonio de años, viendo crecer los hijos mientras envejecemos, aburridoramente cómodos, en vez de elegir el riesgo, aquello que con el tiempo también nos llevará al tedio, a lo previsible, a la monótona sucesión de días idénticos? ¿No había dado ya Martín todas las batallas que iba a dar en la vida, no había colgado ya sus armas? Además, ¿no había sido ella misma arrastrada por una cobardía mansa durante años? Si la madre es lo que permanece, la raíz, el techo al que se vuelve cuando arrecia la lluvia, ¿no es Ulises retornando a casa, agarrado a Penélope del cordón umbilical como si fuera su hilo de Ariadna, un niño que se ha cansado de ser hombre? Pensaba en esto y Martín adquiría a sus ojos, de golpe y porrazo, su condición humana, y lograba enternecerla.

Pero apenas su certidumbre comenzaba a darle alivio, ésta se disolvía en formas tan caprichosas como las que ahora, en sus largos insomnios, adoptaban las sombras de los árboles en la alcoba de María José. Acostada allí, entre objetos adolescentes, sus emociones la devolvían a sus días de rebeldía y soledad, de rabias enconadas contra su madre, que la aplastaba con sus críticas, y contra su padre, cuyo ensimismamiento ausente la condenó al abandono desde que tenía memoria. Cuántos dioses, se decía, implacables y omnipotentes: el padre, que la hacía huérfana a fuerza de silencio; el amante, que abría su duro pico en mitad del vuelo dejándola caer; el marido que, hierático e irónico, no se sometía al acaloramiento de una discusión.

¿Y si no fuera todo tan sencillo, tan transparente? ¿Si la austera imagen de un Martín radical, comprometido descarnada y sinceramente con los otros, fuera apenas parte de una leyenda fomentada por él mismo? Su inseguridad la llevaba ahora a sentir dudas de que hubiera sido amada alguna vez, a repasar uno a uno los momentos vividos, a exprimir su memoria esperando encontrar los indicios que su enceguecimiento había velado. ¿Y si hubiera otra mujer, otras mujeres, una compañera de trabajo? Todo era ahora desdibujado e incierto, como esos paisajes que vibran con la calima en mitad del verano: Ana comprendió, por fin, después de hacer toda clase de absurdas conjeturas, que una pasión que ha tenido en nosotros un efecto tan definitivo ya no es susceptible de ser juzgada.

Se detuvo. ¿Cuánto llevaba caminando? ¿Diez, veinte minutos, media hora? ¿Qué hacía allí, en aquella esquina, mirando la vitrina de aquella carnicería? ¿Sería esto el principio de volverse loca? Sus ojos se detuvieron en la mesa sangrante donde se veían patas de res, entrañas amontonadas, oscuros montones de carne. El carnicero sostenía sobre la madera un conejo pardo, la cabeza desgonzada, las orejas muertas.

Con su cuchillo profesional hizo sobre el lomo una larga incisión, y no brotó sangre. Luego otra y otra. Enseguida arrancó la piel, diestramente, en amplias tiras que fue tirando al suelo. El pequeño cuerpo desollado salió a la luz, rojo, brillante, fibroso. "Estoy en un sueño", pensó Ana, "estoy en un sueño", y cerró los ojos, se apoyó en la pared de ladrillo.

6

Acordó con Emilio que ella sería la que se marcharía, de modo que, en los ratos de serenidad, empezó a soñar con un sitio donde vivir. Como nunca había vivido sola tenía sobre esto una imagen que nacía de las muchas novelas decimonónicas que había leído en la adolescencia, así que se veía en estrechas buhardillas desvencijadas, con muchos libros y muchas plantas, acompañada de Proserpina y con algo siempre delicioso y humeante sobre la estufa. Tal vez también se llevaría a Memé, aunque no sabía muy bien cómo acomodarla en aquel estrecho espacio imaginario.

A pesar de que la ilusionaba su nueva forma de vida, despertaba muy temprano, temblorosa como un animal acorralado, y permanecía en la cama, sin fuerzas, haciéndose preguntas y acariciando enfermizamente recuerdos. Quiso convertir la desesperación, como decía Kierkegaard, en un signo de potencialidad espiritual, pero el desaliento de la pena la abrumaba, le entumecía las piernas, le velaba los ojos.

Memé, que la veía llorosa sobre el café del desayuno, se deslizaba en silencio a su alrededor y la abrumaba con tazas de té y sopas atrozmente alimenticias, haciendo caso omiso de que Ana había perdido casi por entero el apetito. Cuando ésta la veía sirviendo, digna y respetuosa, reprimiendo a conciencia la cháchara que desplegaba siempre que la tenía a su alcance, se reconciliaba momentáneamente con la humanidad.

Cualquier día Ana sacó fuerzas de la nada y salió con las páginas de los clasificados de El Tiempo debajo del brazo, subrayadas en forma dramática con tinta roja. Recorrió varios apartamentos, casi todos con un diseño higiénico, idénticos, monótonos y sin gracia. En uno de ellos la dueña, una mujer de pelo teñido y de dientes muy separados, la llevó por habitaciones adornadas con una amplia colección de muñecas de caucho. Luego le sirvió un café con bollos de maíz y la obligó a comer mientras le hablaba de la iglesia pentecostal a la que pertenecía. Cuando salió a la calle, irritada consigo misma, eran las tres de la tarde y el cielo encapotado amenazaba lluvia. En las esquinas, los cojos de nacimiento y los mutilados de Armero, los vendedores de flores, de cigarrillos, de paraguas, de libros piratas y de osos de peluche, los desplazados de la violencia y los limpiadores de vidrios, la asaltaron de manera implacable. Un último aviso de periódico la llevó hacia la parte alta de la ciudad, donde los constructores le roban a la montaña su espacio escarpado para elevar sus edificios. La calle se prolongaba más allá de lo previsible, empinada y estrecha, dejando atrás todo vestigio de aire urbano, mientras a lado y lado se abría un bosque de eucaliptos. Cuando Ana se detuvo al lado del edificio en obra negra, las pesadas gotas de lluvia se transformaron en un aguacero implacable. Corrió hacia la pequeña puerta entreabierta de la malla metálica y llamó, sintiendo que sus zapatos se empapaban de lluvia. Un hombre joven, moreno, de pelo apretado, la condujo entre tablones y maquinaria en reposo hasta el interior del edificio. Las obras parecían suspendidas, pues ninguna presencia, ningún ruido, se oía allí adentro. Mientras Ana subía las escaleras detrás de su guía, oyó cómo se desataba afuera una tempestad iracunda. Como el edificio carecía todavía de luz eléctrica y el ascenso se hizo de repente totalmente oscuro, el celador encendió una pequeña linterna. Ana, pegada a él, apenas veía su camisa blanca y el borde opaco de sus zapatos. Ensayó unas palabras, pero el hombre no contestó. Como éste iba a paso rápido, ella forzó el suyo para aprovechar la luz de la linterna, de modo que su respiración se hizo agitada y difícil. Oía afuera el retumbar de los truenos, el golpe metálico del aguacero sobre las canales. La escalera se prolongaba ahora absurdamente, como en una afiebrada pesadilla, y lo único que alcanzaba a apreciar, a la luz de las débiles ráfagas, eran los dinteles sin puerta que se abismaban a unos espacios a medio construir. De tanto en tanto el hombre volvía la cabeza y la miraba de reojo, como constatando que siguiera allí detrás. "No es corriente que el apartamento modelo sea tan arriba", se decía Ana. La inquietud empezó a adueñarse de ella, y sin embargo siguió subiendo, sin decidirse a volver atrás, tranquila en apariencia pero sintiendo la fuerza inusitada de sus palpitaciones. Entonces su mente, que empezaba a crear ya una atroz fantasía, la llevó a las advertencias que le hacía su madre cuando era niña y debía caminar dos cuadras hasta el sitio donde esperaba el bus del colegio. Un hombre la había perseguido alguna noche a través de un parque, y revivía ahora esa sensación sintiendo que una oscuridad algodonosa se cerraba detrás de sus pasos. Tuvo ganas de echar a correr, sin dar explicaciones, de bajar a saltos las escaleras y subir al carro, encenderlo, marcharse para siempre de ese lugar. Comprendió que sería imposible, totalmente oscuro como estaba, a riesgo de irse escalones abajo y romperse la crisma. Cuando la angustia comenzaba a cuajar en su garganta una especie de quejido desesperado que no se animaba a salir, el hombre se detuvo frente a una puerta, sacó un manojo de llaves, abrió.

—Llegamos, doña —dijo.

Ana vio un espacio aséptico, un ventanal inmenso que daba al bosque de eucaliptos, la lluvia cayendo a chorros sobre los cristales, el cielo encapotado sin remedio. La escasa luz de la tarde dejaba ver un apartamento de dos alcobas, bien dotado, incluso acogedor, con una chimenea que prometía dulces fuegos para otras tardes como ésta. Ana miró al hombre que le servía de guía y lo detalló. Sus ojos eran vivos, como dos pequeñas lámparas muy negras iluminando su rostro mulato. Era bajo de estatura, pero proporcionado, y su sonrisa inocente le pareció un milagro repentino que le devolvía el aplomo. Una vez comprendió que su miedo era producto de su imaginación, sintió, como dicen que sucede a los secuestrados con sus victimarios, una repentina simpatía por quien hacía unos minutos era para ella una amenaza. Recorrieron juntos los espacios vacíos y el hombre fue explicando, con palabras precisas, las especificaciones de la vivienda. Ana se paró frente al ventanal y observó el sobrecogedor paisaje invernal. Su guía permaneció unos pasos atrás, con una distancia respetuosa. Fue él quien quebró el silencio:

—¿Es para la doña solita o viene a vivir con marido?

Su acento tenía el dejo cadencioso de los habitantes de la costa. Ana sonrió.

—Es para mí sola.

Y añadió tontamente, como hablando para sí misma:

—Me estoy separando.

—Entonces —anotó el hombre, con gravedad inusitada— anda en tristezas.

Ana sonrió:

—Usted lo ha dicho.

En ese momento notó que estaba empapada. Entre los zapatos mojados los pies rechinaron levemente. Ana se los quitó, abrió su bolso, sacó un pañuelo y trató de secarlos.

—Doñita, le ofrezco un tinto. Porque la noto aterida de frío.

Ana aceptó. Fue al baño, se quitó las medias, las escurrió y se las volvió a poner. En el pequeño reverbero de gasolina el hombre puso a hervir dos tazas de agua. Recostada contra el marco de la puerta, con los zapatos en la mano, Ana lo interrogó. Se llamaba Alcides y era un campesino del Cesar, desplazado por la violencia, con apenas unos meses de vivir en la capital. Su mujer trabajaba ahora en una casa de familia y los dejaban vivir ahí, en un ranchito, mientras terminaban la obra. Pero ella estaba mal de la cabeza desde que perdieran a su hijo mayor.

—No hace más que llorar, doñita —dijo el hombre— de la pena tan grande. Porque era el engreído, el mimado de ella.

Entonces contó cómo se lo llevaron para el monte las milicias que pasaron por la finca —no sé si paras o guerrilla, por allá todo está confundido— y no lo volvieron a ver por casi seis meses, hasta que llegó, no él, sino la noticia de que lo habían matado. Unos amigos que lograron escaparse contaron cómo los agarró el enemigo y los colgaron toda la noche de los pies, con la punta de los dedos de la mano tocando el suelo, y cómo los chuzaron con las armas, y prendieron fuego debajo de su cabeza, como jugando a indios y ladrones, y les quemaron el cuerpo con cigarrillos, y luego en la madrugada los soltaron y les dijeron que corrieran, y eran como diez, doñita, y les dispararon de lejos apostando a ver qué bien estaban de puntería, y sólo se salvaron dos, pero el suyo no, el suyo quedó por allá entre el monte.

—Ya había entrado a los dieciséis —dijo Alcides, contestando las preguntas de Ana—. Sí, sí tenemos otro, el menor, pero ése se quedó con los abuelos, para que no estuvieran solos.

—¿Y quién es ese que llaman el enemigo, Alcides?

—Eso, si uno lo sabe, se lo calla. Usted perdone.

El agua empezó a hervir, los vidrios de la ventana de la cocina se empañaron, Alcides coló el café y lo sirvió en un pocillo de peltre.

—¿Y usted?

—Yo después tomo —dijo, y sonrió—, es que no hay más que un pocillo.

Se sentaron en la sala, sobre la alfombra, recostados contra la pared. Esa mujer todavía hermosa, con el pelo húmedo y los ojos tristes, envuelta en su gabardina, con un pocillo hirviendo entre las manos, y ese hombre sencillo, que en medio de su relato se llevaba maquinalmente la mano a la frente como quien aparta una imagen que lo atormenta, vestido con un pantalón ligero y un saco que le quedaba grande, allí sentados, uno cerca del otro, semejaban un par de exiliados que huyen en un vagón de carga con tan sólo lo que llevan puesto. Ana oía, preguntaba, indagaba por detalles. Alcides se atrevió, a su vez, a interrogar tímidamente. Sobrecogida por el trágico relato de aquel hombre, avergonzada de pensar en la insignificancia de su pérdida a la luz de la muerte de su muchacho, pero conmovida por la súbita confidencia de aquel desconocido, Ana empezó a contar la historia de su separación como quien cuenta una historia ajena y banal, borrando y simplificando, anulando todo efecto dramático. A medida que hablaba, sin embargo, la fuerza de los recuerdos se fue apoderando de ella, de modo que pronto se vio ofreciendo inútiles detalles, breves explicaciones que ella misma se daba por primera vez, exteriorizando sentimientos que frente a otros le habrían resultado bochornosos, en una conversación que crecía mientras los minutos iban pasando, imperceptibles, silenciosos, un enjambre de abejas detrás de un vidrio de seguridad; una conversación que fluía como en sueños, en medio de breves, significativos silencios, mientras miraban los nubarrones oscuros acumulándose en el cielo, y oían los truenos remotos y el brillo lejano de los relámpagos, como dos pasajeros de avión que saben que cuando se separen ya no volverán a verse y deciden contarse sus vidas.

—Lo siento mucho, doña —dijo Alcides mientras le extendía la mano a Ana para ayudarla a incorporarse—, porque la verdad es que nadie puede alegrarse de haber dejado de querer a otro. Debe usted estar triste.

Cuando Ana salió del edificio, seguía lloviendo. La tempestad se había ido, pero el cielo estaba todavía turbio y la lluvia caía pareja, constante, como si no fuera a escampar, como si el buen tiempo no fuera a volver ya nunca, nunca más.

7

En la calle de la galería había una valla de seguros que decía: "Parar en el límite es perderse la mejor parte". Ana no podía dejar de leerla cada vez que salía, con la sensación de que un duende malévolo la había puesto allí para burlarse de ella. Se preguntaba si Martín no recapacitaría algún día llegando a una conclusión semejante, si no volvería pronto a confesarle que se había equivocado y que la amaría hasta la muerte. Fue así como esperó dos semanas sentada al lado del teléfono, sobresaltándose con su timbre cada vez que sonaba, como la sobresaltara en sus tiempos de adolescente la voz implacable de las monjas interrumpiendo sus ensoñaciones. Jamás imaginó que el dolor del abandono se pareciera tanto al miedo. El tiempo era ahora como una noche de agonía en la que el reloj diera siempre la misma campanada.

Para los impacientes y los inseguros el infierno tiene la forma de una enorme sala de espera. Cuando Ana era una niñita de apenas seis o siete años, se despertaba sobresaltada en mitad de la noche e iba corriendo hasta la cama de sus padres, con los ojos cerrados, tanteando en la oscuridad. A veces constataba con horror, al tocar las sabanas heladas, que éstos habían salido y que estaba sola con la criada y con su hermana, que era una niñita dormilona. Entonces iba a sentarse silenciosa en la ventana, sobrecogida de angustia pero sin resolverse a llorar, y permanecía allí, aterida, espiando cualquier movimiento en la calle, forzando sus ojos a través de la semipenumbra, hasta que oía pasos sobre la acera, el ruido de la llave en la puerta, el crujido de la escalera, y corría a los brazos de su madre, que sorprendida, la llevaba a la cocina, le preparaba leche caliente, le apretaba los pies, conmovida de encontrarla helada.

Esperar era para ella un asma sostenida. Esperar al padre, que ha comprado su primer automóvil, un carro de aletas anchas, una máquina de ensueño en la imaginación de Ana, un Pegaso de colores que la hará poderosa a los ojos de sus vecinitos y ver la dura trompa niquelada allá en la esquina, los faros que reflejan el sol del atardecer, y gritar llamando a la madre, allá está, allá viene, es hermoso, un auriga en su carroza efectivamente alada, y verlo dar la vuelta, lentamente, su primera vez al volante, no lo olvides, y sentir el estruendo, las latas chirriantes, no puede ser, dice la madre, no puede ser, dice la criada, contra nada, contra el poste, contra la puerta, ya salen los vecinitos, y el padre, pálido, contemplando las latas arrugadas como un papel que hemos echado a la basura, pasando su mano desconsolada por el lomo de su pegaso estropeado, los ojos de todas sus mujeres que ahora se han tornado súbitamente tristes al constatar la triste humanidad del propietario.

Esperar el cadáver de ese mismo padre, que ha muerto en un accidente en sus hermosos cuarenta y tres años, que la ha abandonado (ahora ella tiene una edad que nunca llegó a tener el padre). Esperar a Emilio, que a las cuatro de la mañana aún no llega de la convención médica; esperar la llamada de medianoche que anuncia la tragedia con palabras que inventamos en medio del insomnio.

Cuando Ana era una adolescente se preguntaba por qué maldita razón tenían las mujeres que esperar en las fiestas, arracimadas, gallinitas rosadas de ojos náufragos, a que los muchachos las eligieran a capricho, sin poder ellas ir tras aquel que al otro lado del salón las perturbaba de sólo imaginar sus manos húmedas. Y por qué, una vez las elegían y les pedían, ya en el umbral, el número mágico, debían retirarse a sus casas a esperar la llamada que iniciaría aquellos interminables balbuceos, que en el mejor de los casos terminaban en besos furtivos y caricias asustadas. Esa misma rebeldía la asaltaba ahora, y se decía que aborrecía la dignidad, el orgullo, todo lo que la sometiera a ir por el mundo como una nave en llamas. O que la humillación es también una alternativa. Así que en un momento de desesperación, el demonio que de vez en cuando la empujaba al disparate la impulsó a llamar a Martín a la oficina, dispuesta a una conversación tan dura como se necesitara. Hizo nudos ciegos en sus tripas mientras esperaba oír su voz al otro lado de la línea. Cuando pasó, ella casi había perdido el aliento. Todo se redujo en un comienzo a un preámbulo de fórmulas cordiales que se alzaban una tras otra como en una carrera de obstáculos. Luego vino un largo silencio. Ya se disponía Ana a extender sus palabras a los pies de su interlocutor, a confesar sus necesidades, debilitada por el vacío que se abría amenazando con engullirla, cuando un pajarito sin gracia vino a estrellarse contra la ventana de su oficina, tal vez confundiendo el cristal con el cielo espumoso que en él se reflejaba. Ana lo vio caer, aturdido, estremecerse sobre el alféizar de la ventana, quedar rígido de cara al cielo verdadero, con los ojos abiertos y lúgubres ya, perdiendo su último brillo. Leyó aquel signo con la rapidez con que un chamán sabe leer en el resplandor del relámpago y recuperó la serenidad. Se despidió del hombre que al otro lado, turbado como ella, o tal vez deliberadamente frío, permanecía sin decir nada. "Sólo quería darte vueltecita", dijo, como una abuela cariñosa. "Te mando un beso". Y colgó, aterrada, como un hombre al que una rama azarosa ha salvado de caer al abismo.

Después de sostener dos largas conversaciones con Emilio, supo que nada podría ya enmendarse: a diferencia de los gestos, que se esfuman con la rapidez con que son producidos, las palabras son como surcos hechos a navaja. Hicieron entonces pactos económicos con frialdad de contabilista y Ana comenzó a desear con desesperación un espacio donde el silencio fuera enteramente suyo. Tuvo repentinas compulsiones, imposibles de controlar: en una sola tarde se compró una alfombra persa, una lámpara art nouveau, una cafetera antigua. Daba largas caminatas sin rumbo una vez que salía del museo y cambió el placer de leer novelas por el ya olvidado de la poesía. Escribía a María José largas, minuciosas cartas, que luego no enviaba, y comenzó un diario personal. A veces entraba sola al cine, y abandonaba la sala en mitad de la función.

Hay que decir también que, si bien Ana sufría de tal modo que había acrecentado la conciencia de un cuerpo hecho de lágrimas, latidos, deseos, tenía a menudo una sensación de inexistencia. Era como si su yo más profundo se hubiera disuelto al no contar con la mirada de Martín. La mirada real, claro está. Porque la otra, más aguda, la acompañaba como un invisible ángel de la guarda: veía con ella las películas y las exposiciones, la lluvia y los atardeceres, se posaba sobre el libro que intentaba leer y juzgaba los apartamentos sobre los que debía decidir. A través de esa mirada mantenía con él un diálogo tenso, el de una cometa con el aire invisible que la sostiene.

Por aquellos días una nota en el periódico la enteró de algo inquietante: Roberto Rizk, un amante de sus tiempos estudiantiles, perdido de vista hacía casi veinticinco años, regresaba al país para dictar un seminario sobre poblamiento urbano. Venía de la lejana Islandia, donde vivía desde el setenta y pico. Aquel nombre, leído por casualidad, abrió un pequeño agujero que dejó ver un pasado que parecía ya olvidado; por él empezaron a desgranarse, no sin nostalgia, algunos poderosos recuerdos: la risa de Roberto, sus dientes delanteros que parecían morder siempre el labio inferior. Los largos suéteres que le tejía su madre y que paradójicamente le daban un aire de orfandad. Aquellos largos besos entre un carro, en un parqueadero público, mientras un aguacero los envolvía crujiendo como una envoltura de celofán. El olor a glicerina de su pelo, su sentido del humor, las conversaciones eróticas que sostenían por teléfono. Su romance, no más largo de seis meses, se había diluido en un mar de cartas que iban y venían de Londres, adonde él se había marchado a hacer sus estudios de postgrado.

Leyó: Islandia. Poblamiento urbano. Imaginó un hombre caminando por una ciudad invernal de casas de madera con grandes ventanales rodeados de bosques. Muchas historias tendría que contar. Sintió el impulso de verlo, de llenar el largo vacío de aquellas dos décadas con una conversación animada por una botella de vino, donde se reconocieran y quizá evaluaran aquellos días lejanos. Averiguó el teléfono del hotel. Vaciló. ¿Y si no la recordaba? ¿Y si estuviera distante, cortante tal vez? Esperó que fueran las once de la noche para llamar. Contestó una voz desconocida:

—¿Aló?

Todavía contestaba de aquella tan colombiana manera, pensó Ana.

—¿Roberto?

—¿Quién habla?

Tenía miedo de pronunciar su nombre. ¿Pero qué más puede contestarse a esa pregunta?

—Habla Ana —dijo, como si sólo se llamara así, a secas.

—¿Ana? —detrás del teléfono se hizo un largo silencio.

—Sí, Ana. ¿Recuerdas?

No necesitó decir más: la palabra "recuerdas" fue como una contraseña en las puertas de la muralla. Cómo no iba a acordarse, por Dios, era un placer oírla, un placer y un milagro, qué sobresalto y qué sorpresa, necesitaba unos minutos para asimilar este encuentro. Pensaba que jamás volvería a verla.

Quedaron de tomarse un trago en el bar del hotel, al día siguiente, a las cinco, pues las conferencias sólo le ocuparían la mañana.

—Debo confesar que nunca te olvidé —dijo Roberto Rizk, levantando su copa—. Siempre quise volver a saber de ti, saber qué había sido de tu vida.

El que habla es para Ana un desconocido. Un desconocido de cejas rotundas y piel ligeramente rojiza alrededor de los ojos, con una impecable barba blanca y un aire cosmopolita que nace tal vez del contraste entre su fino suéter negro y el escaso pelo que ha sido cortado casi al rape para disimular la calvicie. Nada hay en él de aquel estudiante vestido con suéteres de lana virgen y mochila de colores, cuyas erecciones adivinaba Ana por encima del pantalón, salvo aquellos dientes ligeramente salientes que son todavía su máximo atractivo. Se cuentan sus vidas: Roberto Rizk se ha separado dos veces, su segunda mujer es islandesa, tiene dos hijos varones que viven en los Estados Unidos. Desde hace ocho años reside en Akureyri, una ciudad sin contaminación, ni crímenes, ni sobresaltos, la ciudad de largos inviernos e intensos veranos donde Auden, el poeta, escribió uno de sus libros más intensos. Al final de las tardes los cielos son violeta en Islandia, y los paisajes del norte del país son tan sobrecogedores como paisajes marcianos: géiseres, volcanes que vomitan humo, regiones eternamente heladas.

Mientras habla, Ana lo observa. Podría decirse que ahora Roberto se ve más varonil y más reposado. Su cara, ajada por los inviernos del norte, pareciera sugerir sabiduría, como los mapas antiguos. Reconoce en su relato al gran conversador de otros tiempos, divertido, de inteligencia minuciosa y memoria inverosímil. Y sin embargo, no logra interesarse totalmente en él: pierde parte de sus palabras, y por momentos se advierte mirándolo como a un extranjero cuyo código cultural se intenta penetrar, mientras su pensamiento escapa, sin poderlo evitar, a cosas lejanas, ajenas. Suele ser difícil atravesar el cristal que separa nuestro mundo mental del de los otros, interesarse genuinamente en ellos. Para Ana, hace veinticinco años, sin embargo, las palabras de Roberto Rizk eran sagradas. Lo observa con curiosidad, distanciando su mirada. ¿Dónde estaba su halo, su aureola, su campo de seducción? ¿Qué la enamoró entonces que ahora, sin remedio, se ha perdido?

Ana pinta a grandes rasgos su vida, ampliando algunos datos, empequeñeciendo otros. Le cuenta que está al borde de terminar un matrimonio de más de veinte años, pero calla su amor por Martín, su abandono, la tristeza de sus días. Habla con fino desenfado, con gracia, sin demasiados énfasis, sintiendo la fuerza de su gesto. Mientras se expresa se ama, porque se reconoce fresca, viva, verdadera. Esta conciencia pone color en sus mejillas, brillo en su piel, luminosidad en sus ojos, de modo que Roberto Rizk casi no nota la diferencia entre la jovencita resuelta con el pelo recogido en una trenza y la mujer todavía hermosa que ahora le sonríe. No puede sospechar que no es él el que aviva su rostro. Ya han vaciado media botella de vino.

—Tuve siempre la sensación de haber sido un pésimo amante —dice Roberto, poniendo una mano sobre la de Ana—. Era un tímido, un inexperto, y tú me dabas miedo.

Ana recuerda su primera vez: fueron al apartamento de un compañero de Roberto, que había salido de viaje. Se besaron. Cuando Ana puso la mano sobre su pecho lleno de vello sintió los latidos atolondrados de su corazón. Supo que él tenía miedo y trató de calmarlo mostrándole que lo deseaba. Entonces él intentó poner música en el viejo equipo de su amigo, pero no lo logró. Movía todos los botones, sin que nada funcionara. Se dio por vencido:

—Primer fracaso —dijo.

Un poco más tarde, cumpliendo sus vaticinios, vino el segundo. Ana, enternecida, lo colmó de caricias.

—¿Miedo? —pregunta ahora Ana—.

—Eras avasalladora. Tomabas siempre la iniciativa. Eso inhibe un poco a los hombres. Y yo era un cobarde. Sí, me dabas miedo.

Roberto mira a Ana a los ojos mientras dice estas palabras. Sus gestos son ahora los de un seductor. En el pequeño bar no hay nadie más. El mesero, parado en un extremo del salón, resulta una presencia incómoda. Ana sabe que está a las puertas de una aventura: bastará salir de este lugar, atravesar el lobby, tomar el ascensor sintiendo ya la respiración de Roberto Rizk sobre su cuello, llegar al pasillo alfombrado, entrar en la habitación neutra del hotel, sentarse en el borde de la mullida cama destendida por la camarera que habrá dejado un chocolate sobre la almohada. Se ve desnudada por aquel hombre y se debate por unos momentos: algo en su cuerpo anhelante la impulsa a atreverse, punza en ella el deseo. Al fin y al cabo, qué más da. Un encuentro apasionado, dos o tres días de placer, y Roberto volverá a la lejana Islandia, a hibernar entre bosques nativos y ciudades insoportablemente sosas.

De pronto, comprende. Su deseo no es deseo del cuerpo que tiene al frente, macizo, mediano, con una madurez recién alcanzada. Entonces mira el reloj y anuncia que debe irse, que tiene un compromiso enseguida. Roberto Rizk, con visible desconcierto, permanece por unos segundos en silencio. Son tan sólo las siete, argumenta, apenas si están empezando a reconocerse, tienen toda la noche por delante, podrían tal vez comer algo. Pero Ana ha hecho ya una seña al mesero. Quizá mañana podrían verse de nuevo, dice, llámame a la galería, aunque acabo de recordar que voy a estar en una reunión en el norte toda la tarde. El mesero ha puesto sobre la mesa la libretita de cuero que contiene la cuenta. Roberto Rizk pasa, desesperado, las manos sobre sus bolsillos: ha dejado el dinero en moneda colombiana en el cuarto, qué vergüenza, si lo espera un momento… Ana es enfática: ni más faltaba, ella fue quien lo citó, él es el invitado. Pero una chispa ha venido a encender un recuerdo: en aquellos lejanísimos tiempos de estudiantes, Roberto Rizk siempre encontraba razones para no pagar; cada vez que podía cercaba a Ana con excusas de última hora y eludía las cuentas. Aquel defecto, la tacañería, que con el tiempo ella ha descubierto que es una de las más abyectas miserias humanas, lo perdonaba entonces a instancias del amor. Todo en él ha cambiado, piensa, menos su encantadora sonrisa y este rasgo mezquino de su personalidad. Se alegra de no haber sucumbido a la tentación de quedarse. Al despedirse le da un beso provocador, muy cerca de la boca. Si hay una erección, como en los viejos tiempos, no va a constatarlo.

Camino al parqueadero pasa por el frente de la enorme casa colonial donde conociera a Martín. La puerta está ya cerrada, pero Ana pega su frente al cristal, se detiene a contemplar el amplio zaguán de la entrada y el frondoso jardín iluminado por las farolas: la banquita de hierro pareciera invitar a los enamorados a sentarse en ella y a besarse a la luz de la luna. Pero el árbol de glicinas ha perdido todas sus flores; amontonadas en torno a la base poderosa del tronco, todavía engañosamente azules, comienzan a pudrirse poco a poco.

8

Seis semanas después de haberle comunicado su decisión a Emilio, Ana dio con un apartamento espacioso e iluminado en un sobrio edificio de los años cuarenta. Con ayuda de Memé, que lloraba a moco tendido, dispuso en cajas lo suficiente para no pasar trabajos y unos pocos objetos con historia. Planeó que el acarreo fuera el viernes, contando con la ayuda de Malena.

Una vez más, sin embargo, como veinte años atrás, las circunstancias la obligaron a deshacer sus maletas: el martes de esa misma semana, a las cuatro y cuarenta y cinco de la tarde, y mientras formulaba en su consultorio una ecografía a una joven paciente, Emilio sufrió un desmayo y ya no recuperó la conciencia en los siguientes tres días. Los médicos, en su jerga inextricable, hablaron inicialmente de un acevé. Esa misma noche diagnosticaron una trombosis cerebral y no un derrame, como se pensó en un principio, e informaron a Ana que muy probablemente habría daños irreversibles. Ana llamó a María José y le explicó lo sucedido a su padre, tratando de no alarmarla. Todo era incierto todavía, explicó, pero era mejor que viajara de inmediato. Sí, comprendía su angustia, pero no había que llorar de esa manera. "Cálmate, nena, cálmate, todo va a salir bien. Papá está en muy buenas manos", dijo, y colgó.

El honorable cuerpo médico desfiló en pleno por la antesala de cuidados intensivos, solícito y acongojado. El director del hospital la abrazó con calidez insospechada y le notificó que por ahora no se preocupara por gastos, y Malena y Dalila estuvieron acompañándola hasta la medianoche. La primera fue hasta su casa y le trajo una pequeña maleta con una piyama, ropa interior e implementos de aseo. La segunda se dedicó a contar casos médicos espeluznantes, que había oído de labios de su marido, con el fin de consolar a su amiga a través de comparaciones.

Cuando Ana quedó sola en la antesala de cuidados intensivos, contemplando sin remedio sobre la pared crema la inevitable reproducción de uno de los Arlequines de Picasso, el inicial aturdimiento se desató en lágrimas desconsoladas. Sin embargo, si alguien le hubiera preguntado por la naturaleza de sus sentimientos, no habría sabido precisarlos. La jefe de enfermeras del piso, antigua conocida suya, le preparó un té caliente y se sentó a su lado. En un susurro, como si temiera que sus palabras traspasaran los muros que la separaban del espacio donde los enfermos, semidesnudos e indefensos, conectados, invadidos, estimulados, luchaban por mantener el ritmo de sus organismos en crisis, le explicó algunas cosas básicas sobre la enfermedad y le habló de admirables casos de recuperaciones casi totales. Mientras hablaba, una de sus manos, de una edad distinta a la de su cara, tamborileaba mecánicamente sobre el blanco delantal. Ana pensó en un conejito, pecoso y regordete, y cerró los párpados húmedos, escuchando.

Entonces le pidió que la llevara a ver a Emilio. Entraron juntas. En la sala, revestida de baldosines verde agua, había cuatro camas ocupadas. En una de ellas un hombre lanzaba un quejido periódico, idéntico, animal. La jefe de enfermeras le contó más tarde a Ana que se trataba de un joven de ventidós años que moría de un tumor cerebral. Era un caso terminal y su estado era ya de inconsciencia. Si se lamentaba de esa forma era siguiendo el impulso de un acto reflejo, dijo. Cuando llegó a la cama de Emilio se encontró con un ser desconocido, penetrado de tubos, encogido entre su precaria bata de enfermo, con la piel grisácea y el rostro contraído en un rictus desagradable. Un ser irremediablemente físico y olvidado de sí, en el cual el sonido de la respiración penosa, el palpitar de la sangre en las arterias, el extraño gorgoteo de la garganta, eran la vida: casi nada, y sin embargo, todo lo que hacía que un nombre tuviera todavía sentido para ese cuerpo.

—Emilio.

Ana se preguntó qué nebulosa infinita habría detrás de esa frente ceñuda, qué relámpagos de memoria, qué sueños extravagantes. Por un momento quiso ser ella la que estuviera allí tendida, abandonada a las fuerzas del cuerpo, liberada de toda decisión y sentimiento.

—Háblele —dijo la enfermera—. Es probable que oiga lo que decimos.

Ana se inclinó al oído, buscando alguna frase, una sola palabra, pero no la encontraba. Finalmente dijo:

—Soy yo, Emilio, soy Ana.

Y después de una pausa:

—Todo va a salir bien, no te preocupes.

Sus palabras se desprendieron de su boca como si no le pertenecieran, como fórmulas aprendidas y molestas. Entonces se quedó allí unos minutos, en silencio.

Sus ojos se concentraban con obstinación en el labio inferior, hinchado y oscuro, curvado hacia abajo en un gesto desagradable. Ya no encontró nada qué decir.

Al día siguiente, al anochecer, regresó a dormir a su casa. Si algo grave pasaba de inmediato le avisarían: por lo demás, y dado el estado comatoso de Emilio, su presencia de noche en la clínica se hacía innecesaria. Mientras manejaba de regreso, su cerebro traía una y otra vez al recuerdo, machaconamente, las palabras susurrantes de la jefe de enfermeras: cuidado y cariño, dedicación y ternura, mucho valor y firmeza. Era todo lo que se necesitaba para que el doctor saliera adelante, confiando en Dios.

Cuando abrió la puerta supo que iba a morir de cansancio. En el vestíbulo vio, regadas, las cajas del trasteo, algunas a medio llenar. Memé la recibió con aire compungido y silencioso. La gata se restregó, cariñosa, contra sus piernas y luego la siguió con aire solemne hasta la alcoba, como si supiera que algo excepcional estaba pasando. Había ahora una atmósfera de provisionalidad en aquella casa, con sus paredes semidesnudas, su biblioteca a medio llenar, su clóset vacío. Pidió a Memé que le hiciera un té bien cargado. Se quitó los zapatos y se recostó en la almohada. De modo que Emilio se adelantaba a sus decisiones, pensó, y sonrió con amargura. Llamó a Viena y habló con su hija, que le anunció que volaría la noche siguiente. Luego llamó a su hermana a la lejana Bratislava, donde vivía con su marido y sus hijos. Hablaron con dificultad, porque la llamada tenía un eco y Ana sólo oía a retazos la voz de su hermana, siempre alcanzada por su propia voz.

Colgó, y permaneció un rato sentada al borde de la cama matrimonial, viendo sin ver los objetos de la mesita de noche de Emilio: un radio despertador, dos frascos de vitaminas, un libro en inglés sobre disfunciones hormonales, una fotografía de su suegra con un discreto sombrero coronado de flores. Se quedó allí meditando, mordiéndose el labio, la barbilla apoyada en la mano. Volvió a descolgar el teléfono, temblorosa, indecisa, a colocarlo de nuevo en su sitio. Supo que una de aquellas ciegas determinaciones incontrolables empezaba a ocupar un lugar en su cerebro: al final de la tarde Martín iba de vez en cuando a su pequeña oficina, que compartía con dos colegas, un hombre y una mujer jóvenes, que Ana no conocía. A veces estaba allí hasta altas horas, ocupado de algún proyecto inconcluso, desatrasándose, terminando una propuesta urgente. Ella había estado en esa oficina alguna vez, en los días tumultuosos en que lo conoció. Supo que iba a llamar, aunque no sabía muy bien para qué. Quizá sólo quisiera oír la respiración de Martín, recuperar por un momento el tono de su voz, leer con avidez, en dos palabras, todos sus matices. Quizá, si él le contestara, le contaría sus aflicciones y le pediría, simplemente, que la oyera; o tal vez no diría una palabra sobre lo que le estaba pasando, fingiría diciendo que en esta noche tan clara había sentido un deseo repentino de hablar con él unas pocas palabras. Era improbable, por otro lado, que Martín estuviera en su oficina, siendo ya las ocho y media de la noche. Marcó. Esperó, respirando con dificultad, sintiendo que una eternidad pasaba entre uno y otro timbrazo, adelantándose en la imaginación a una voz de sobra conocida, grave, no tan grave, perdida por momentos, por momentos recuperada. Lo que oyó fue tan inesperado que colgó de inmediato: la mujer que contestó, tal vez su joven compañera de oficina, había levantado el auricular en medio de una carcajada que no había podido detener, y la había terminado en forma limpia, redonda, plena, antes de decir, con voz todavía hilarante: Aló, quién habla, aló, aló.

Cuando Ana alzó los ojos vio, en el cielo despejado y azul que la ventana enmarcaba, el guiño remoto e inocente de Venus. Sintió que su cara ardía, como aquella estrella lejana, y cerró los ojos con energía, como si de este modo pudiera huir de la estupefacción, de la vergüenza.

9

María José llegó la noche siguiente y permaneció al lado de su padre durante dos semanas, momento en el cual los médicos estuvieron de acuerdo en que el peligro de muerte había pasado. Luego debió regresar a Viena, pues no podía perder clases de su recién comenzado semestre universitario. Emilio hizo entonces el tránsito de la atmósfera apremiante de cuidados intensivos a una confortable habitación del hospital, y Ana se dispuso a pasar largos ratos en su compañía.

Cuando vio entrar la camilla en la habitación, y a Emilio en ella, todavía envuelto en su frágil bata de papel verde, con los ojos fijos en el cielo raso y su brazo izquierdo conectado al suero, sintió ganas de llorar. No sólo por ese ser desconocido, de nariz prominente y boca curvada en un rictus, no por el extraño que la miraba sin reconocerla, sino porque aquel cuerpo había despertado en ella en forma abrupta la conciencia estremecida de su propio cuerpo, le había vuelto a recordar que esa masa de tejidos recorrida y bombeada por la corriente sanguínea puede mutar y descomponerse más rápido de lo que imaginamos. Si reprimió el llanto no fue por no angustiar al enfermo, que flotaba todavía en la seminconsciencia causada por el daño cerebral, sino porque obedecía a la orden de entereza y serenidad que la educación recibida le exigía en esos casos.

En los días siguientes el cuerpo de Emilio, al que Ana había condescendido a medias en los últimos tiempos pero al que hacía años ya no miraba verdaderamente, se hizo visible de repente. Cada vez que su desnudez asomaba, en razón de los numerosos cuidados que había que tener para que no se ulcerara, Ana se estremecía: la piel tenía ahora una opacidad de arcilla y en los muslos y el vientre se veía tan floja y colgante como aquel miembro oscuro, mustio y sin ánima, inofensivo como el de un niño. Todas las imperfecciones que el gesto vivo minimizaba o disimulaba antes de la enfermedad, resaltaban ahora con fealdad manifiesta: las manchas pardas de los pómulos, los gruesos pelos grises en las orejas, las uñas cóncavas y manchadas, las piernas escuálidas, el esternón ligeramente hundido… Pero, además, la expresión del rostro había cambiado, borrando cualquier rastro de blandura, de condescendencia, y a Ana se le antojaba que, reducido casi enteramente a la pura condición física, desprovisto ahora del mínimo de voluntad que moldea el ademán, Emilio revelaba su verdadera, amarga naturaleza.

Cuando empezó a dormir con él, meses antes de su matrimonio, Ana sintió que su abrazo nocturno era lo más aproximado que había conocido a la idea de felicidad. Su padre, como tantos hombres temerosos, había sido siempre un ser autoritario. Antes de los diez años lo que la atraía de él era precisamente la fuerza de su contenida violencia, la amenaza de su gesto todopoderoso, su infalibilidad de juez que nadie cuestionaba. Esa niña frágil y lejana, apenas si advertida por los mayores, soñaba con la protección calurosa de su cuerpo. Pero cuando, sintiendo el martilleo de la cabeza, se pasaba a la cama de sus padres, éstos abrían un paréntesis pudoroso que la preservaba de sus cuerpos. Ana quería extender su mano, agarrar la cintura de la madre, clavar su naricita en las anchas espaldas del padre, pero el recato que marcaba la distancia intencionada que ellos creaban la detenía. Cuando se casó, pues, hundía su cabeza en el pecho de Emilio con abandono infantil, se hamacaba sintiendo un calor que había perdido desde la cuna. Aun cuando dejó de amarlo, olvidada momentáneamente de su hastío y su encono, anidó muchas veces entre sus brazos como quien se resiste a la intemperie.

Ahora Ana dormía sola y disfrutaba estirando su cuerpo sobre las sábanas frías. Pero de vez en cuando despertaba tiritando, y tenía la sensación de que no era la noche la que helaba, sino que sus huesos exhalaban un hálito como el del hielo seco.

Ocho meses después de que Martín le dijera que no podía sostener tantas cuerdas con la misma mano, Ana supo que su mujer lo había abandonado. Se enteró del hecho de manera totalmente circunstancial y entre muchos otros chismes de distinto talante, en una reunión de amigas que desconocían su *petite histoire*. Silvia, la mujer que daba la noticia, conocía a la esposa de Martín y parecía suficientemente enterada. Enfatizó su alegría: su amiga se deshacía de un hombre vanidoso, temperamental y cruel. Alguien anotó que era la mujer de Martín la verdaderamente insufrible. Tenía un aire de suficiencia insoportable, era arribista y maltrataba a la gente a su alrededor.

—Parece arrogante, pero no lo es —dijo Silvia.

—La gente tiene la cara que se merece —sentenció su antagonista— y la suya es la de alguien hostil.

—Es tímida. Hay que conocerla para saber que no es así. Es pura apariencia —anotó, persistente, su amiga.

—Dicen que sólo la gente tonta no juzga por las apariencias. La verdad está siempre más cerca de la superficie de lo que parece —insistió la otra—. A mí me resulta odiosa.

Ana habría preferido, claro, no haber oído aquella información perturbadora, pero una vez conocida intentó sofocarla en un recodo espeso de la memoria. Mientras oía estos juicios, sin embargo, se dijo que el hecho de que aquella mujer fuera áspera como estopa, o dulce y acogedora, era un dato sin significación para ella. Gracias a la esposa, la amante puede disfrutar del lado luminoso del hombre elegido. Una intuición última le decía que esa mujer debía haber sufrido.

Dos meses más tarde se cumplió la profecía que Malena hiciera apenas se enteró del hecho: "Va a llamar, de eso no te quede duda. Para los hombres la soledad es tan intolerable como la luz para los murciélagos". Un mediodía cualquiera sonó el teléfono y la voz de Martín se oyó del otro lado, tan opaca y contenida como la de un mensajero de malas noticias. No explicó, ni titubeó, ni ensayó a endulzar su saludo con nada atrayente. Simplemente expresó su deseo de tener una conversación con Ana en un lugar apacible. Ésta aceptó, aturdida por la sorpresa, debilitada de repente por el tono de una voz que volvía a pulsar zonas heridas, secretamente ansiosa de reanudar sus perdidas, vehementes conversaciones. Se citaron al día siguiente, al final de la tarde, en un restaurante del centro. El resto del día fue para ella como estar en un corredor húmedo, lleno de voces.

Ana, que salía de una reunión en el Museo Nacional, caminó las veinte cuadras que la separaban del sitio de encuentro. La tarde estaba clara, y las nubes luminosas del atardecer eran arrastradas por el viento helado, que hacía que los caminantes subieran los cuellos de sus chaquetas. Bogotá era como una muchacha tosca y mal trajeada a la que el sol le otorgara, por un instante, la gracia que no posee. A aquella hora aumentaba el número de transeúntes por la carrera séptima, hasta convertirse en una pequeña muchedumbre compuesta de secretarias y contabilistas y notarios, y afanados estudiantes de las escuelas nocturnas y desastrados poetas y vagos y jíbaros de mochilas arhuacas, y jovencitas de axilas rasuradas que comenzaban ya a soñar con la noche. Ana respiraba con placer el aire frío, sin importarle que viniera cargado de los pitos de los carros y del olor a aceite quemado, a humo de exhosto, al pollo frito y vuelto a fritar de las cafeterías. Se sentía extrañamente viva y ansiosa mientras caminaba, abstraída, abriéndose paso entre figuras borrosas que a veces rozaban su hombro. Su memoria, deshaciendo las costuras que había hecho con determinación y paciencia durante todos estos meses, se soltaba ahora, ante la inminencia del encuentro, haciendo retrospecciones, recuperando antiguos diálogos, trozos de frases, ademanes que alguna vez fueron íntimos faros para sus sentimientos.

En aquellos meses de ausencia Ana se había culpado una y otra vez de no haber tenido nunca conciencia plena de la fugacidad de sus encuentros con Martín, y de que la liviandad de su concentración de esos días la condenara a no poder recuperar gestos y palabras que tal vez fueran hoy pequeñas y valiosas piezas en un rompecabezas que no acababa de armar. Pero luego se consolaba diciéndose que en el amor no cabe hablar de ligereza, porque la intensidad del sentimiento de los amantes es siempre tan poderosamente turbadora, que la memoria es debilitada por la voracidad del deseo. Y es que en los últimos meses Ana había experimentado algo doloroso: la cara de Martín se le había ido borrando, desdibujando, como dicen que pasa con las personas que han muerto, de modo tal que sólo podía recuperarla por partes, y eso a capricho de una memoria que la castigaba y a menudo se negaba a devolverle el fragmento exigido, los ojos, los labios, la frente que tanto le gustaba. Podía en cambio recordar su cuerpo, su forma de caminar, el aire entre tímido y displicente de su larga figura. A veces, sin embargo, el recuerdo muy vívido de su imagen completa la sorprendía con la fuerza de un latigazo, y del mismo modo abrupto la abandonaba, causándole un sobrecogimiento que le humedecía la mirada. Esto acababa de sucederle ahora, parada en aquel semáforo, mientras sus ojos veían, sin registrarlo del todo en la conciencia, a un indigente que escarbaba en unas cajas abandonadas, un muchacho de unos quince años, oscuro como un presentimiento, de pelo enlacado y mirada vidriosa. Se dijo que esta vez su oído, su ojo, estarían atentos a guardar cada modulación, cada matiz, cada palabra, a fin de llevarse a su casa aquel arsenal de percepciones y examinarlas con serenidad, para tratar, una vez más, de comprender.

    Temblaba ligeramente cuando vio la roja puerta del restaurante, sus discretas cortinitas blancas, y comprendió, sorprendida, que había llegado con diez minutos de anticipación.

    Decidió no entrar todavía, porque nada odiaba más que aquel tiempo de vacía incertidumbre en que, sentados frente a la mesa, esperando a un ser que nos perturba, no sabemos muy bien qué hacer con nosotros mismos, exultantes y nerviosos, y siempre, en fin, vagamente invadidos por el temor de que el otro no llegue; cruzó entonces la avenida y se dirigió a una librería situada justamente al frente; rebasó la primera sala después de saludar al librero, viejo amigo suyo, y fue a situarse en la sala contigua, frente a los estantes de poesía, desde donde, sin ser vista, podía observar a través del amplio ventanal la puerta roja por donde debía entrar Martín. Estuvo allí un rato, escogiendo los libros por la vistosidad de sus lomos, leyendo de vez en cuando un poema sin comprender muy bien su sentido, registrando apenas la belleza de ciertas imágenes, y mirando el reloj en forma persistente, sólo para comprender que cuando se le insiste al tiempo, viejo mañoso que sabe todos los trucos, éste se resiste a correr.

Cuando las manecillas marcaron las seis y Ana supo que de un momento a otro Martín aparecería remontando la avenida, se sintió desfallecer. En su mente se atropellaron las ideas y los sentimientos, batallando, como ejércitos que sacan fuerzas del miedo, con una violencia para la que no parecía estar preparada. Pasaron todavía diez minutos antes de que lo viera venir calle arriba, vestido con una chaqueta gris que no le conocía. Como la gente muy alta, daba la impresión de llevar los hombros un poco elevados, y caminaba levantando levemente la barbilla, en un gesto que tenía algo de arrogancia, pero que era también una manera de sobrellevar su controlada timidez. El viento de la tarde lo despeinaba, de modo que un mechón revuelto le caía sobre la frente. Esperó que entrara al restaurante para decidirse a salir, pero Martín apenas echó un vistazo a la puerta y se dispuso a pasar la calle en dirección a la librería. Por un momento un tumulto de buses lo ocultó de sus ojos. Cuando el semáforo les dio paso y el trancón se disolvió, Ana vio que no estaba. Estuvo segura entonces de que aparecería allí, entre los estantes, quizá buscando, como ella, dilatar el tiempo del encuentro, no ser el primero, hacerla esperar unos minutos para que la ansiedad la dominara. Maquinalmente pasó sus dedos por el pelo, y concentró sus ojos por un segundo en el libro que tenía abierto entre las manos. Leyó un verso de Cernuda. Cuando los alzó, vio que Martín pasaba por delante del ventanal, a medio metro de distancia de donde ella estaba, de modo que si volteaba la cabeza quedarían uno frente al otro, él afuera, como un posible comprador curioso que husmea la vitrina, ella adentro, extraño maniquí de gabardina crema y ojos atónitos, rodeada de libros por todas partes. Se quedó, pues, inmóvil, temiendo que un movimiento involuntario atrajera su atención —qué tontería aquella mujer allí esperando qué, diría él— mientras lo veía dirigirse a la pequeña caseta de dulces y cigarrillos y periódicos de la esquina. Martín no fumaba. Estaría comprando mentas, tal vez. Ana, escondida ahora detrás de los estantes, veía su perfil, el pómulo alto, la boca fina, el pelo que rozaba el cuello de la chaqueta. Como si hubieran desaparecido las barreras físicas que los separaban, experimentó por un momento la proximidad de su cuerpo, adivinó la textura de la piel de su rostro, sintió el olor de su pelo y su nuca. Esperó, sintiendo que aparecía un ligero tic en su labio superior, hasta verlo cruzar de nuevo la calle, ahora visiblemente afanado, y entrar en el restaurantito italiano. Entonces salió sin prisa de la librería, pero en vez de cruzar la calle giró a la derecha, rebasó la caseta de dulces, llegó a la esquina y cruzó otra vez a la derecha, hacia la Candelaria. Había oscurecido ya y las bombillas se encendían defendiendo a los transeúntes de la noche. Caminó por las callecitas estrechas, sin pensar en nada, cruzando al azar por una u otra esquina, sabiendo que el suyo era un laberinto ciego, sin centro, que la condenaba a errar por sus pasadizos sin encontrar una salida. De pronto se vio frente a la Plaza de Bolívar, iluminada ya por sus farolas, vistosa como una anciana llena de alhajas de fantasía. A su izquierda, la catedral, pesada y blanca, semejaba un inmenso osario. Buscó la pequeña puerta que daba acceso al interior, y con sorpresa constató que estaba abierta y que alguien, en el coro, tocaba el órgano. Ana entró a la nave, desoladamente sombría, y avanzó por ella, incrédula al ver que era la única visitante del templo, sintiendo que sus pisadas sobre las losas y los acordes de la música sacra tenían la resonancia de los sueños o el alucinado despertar de las anestesias. Fue hasta la primera fila de bancas, frente al altar, sobrio y más bien pobre, y se arrodilló, pensando que hacía más de treinta años no pisaba una iglesia. Cerró los ojos tratando de pensar en un Dios que nacía de las notas del órgano, de las altas columnas y del calor de las lámparas, y que era un Dios milagroso y paternal, oloroso a incienso, como el de su lejana infancia. Buscó una fórmula para invocarlo, para que el bálsamo de su gracia le ungiera el corazón. En vez de una oración, le vino a la mente, consolador, el verso que había leído un rato antes, en el libro de Cernuda: *El amor es lo eterno y no lo amado*. Lo repitió como un salmo, como una letanía, mientras volvía a la calle y retomaba la séptima hacia el norte. El viento helado arreciaba, le penetraba los huesos, iba a morir en su corazón.

III. Sólo es el viento

1

A principios de noviembre Ana compró dos boletas para asistir al concierto del cuarteto Alban Berg. Iba a ir con Malena, como siempre, pero ésta se sentía indispuesta y a última hora se excusó de asistir. Para no perder la boleta, invitó a Gabriela, que aceptó con entusiasmo. A la hora de salir Ana le hizo notar a la muchacha que de aventurarse así en esa noche helada iba a conseguir, como mínimo, una pulmonía: Gabriela, vestida con sus invariables bluejeans, sus tenis, su camiseta blanca de algodón y un suéter raído en las mangas, parecía más bien dispuesta a asistir a un estadio en una tarde de sol. Se había adornado, sin embargo, con unos zarcillos de plata, un par de esbeltos pececitos con ojos de amatista, y una bufanda de seda de colores. Como confesó que aquél era el único suéter que tenía, Ana se ofreció a prestarle alguna prenda suya, pero la muchacha se negó enfáticamente. Estaba bien así, seguro, jamás le daba frío. No obstante, terminó por medirse no sólo lo que Ana le ofrecía con insistencia, sino todo lo que había en su clóset. Desechó de inmediato, con carcajadas que no quiso explicar, el abrigo de paño negro y corte impecable, y luego, despojada de suéter y camiseta, exhibiendo con todo desenfado sus senos pequeñitos, de un blanco casi fosforescente y palidísimos pezones, procedió a medirse las incontables blusas, blusones y chaquetas que encontró, sin decidirse por ninguna. Ana, como una dependienta divertida y obsecuente con una clienta tan millonaria como excéntrica, colaboraba en aquel juego pensando que una cosa como ésta no la había hecho jamás con María José. Finalmente, y ante el pasmo de Ana, Gabriela se decidió por una vieja chaqueta de piel de nutria de visos marrón que aquélla había heredado de su madre y que, por supuesto, jamás había usado.

En la sala de conciertos, envuelta en su abrigo que las luces hacían destellar, con sus zapatos tenis, el corte estridente de su pelo caoba y su gesto entre aniñado y desenvuelto, habríase dicho que era una estrella de rock de paso por la ciudad. Mientras Haydn daba paso a Bartók y éste, después del intermedio, a Schubert, permaneció estática, en actitud de profunda concentración, como un monje zen a la hora del satori.

Sin embargo, algo vino a perturbar, no sólo la concentración de Gabriela, sino la de todos los asistentes. Faltaban unos veinte minutos para que finalizara el concierto cuando comenzó a oírse en la sala un extraño rumor, acompasado y bronco, como el cavernoso respirar de un animal herido, que en cuestión de segundos se convirtió en unos ronquidos estentóreos, escandalosos en medio de aquel reverente silencio. Cuando el público volteó a mirar en forma a la vez incrédula y amenazante al desvergonzado que así dormía, vio cómo entre el guarda de seguridad y dos vecinos acuciosos sacaban en andas a un anciano elegantemente vestido, que sin duda había sufrido un ataque. Su desesperado gañido había cesado ya. Detrás del improvisado cortejo, encogida y desolada, caminaba una mujer pequeñita, llevando en su brazo derecho la gabardina y el paraguas de aquel viejo cachaco bogotano que agonizaba tan a destiempo.

En el restaurante donde fueron enseguida comentaron las incidencias de la noche, conmovidas por la abrupta presencia de la muerte en medio de la hermosa interpretación de los cuartetos.

—Aunque no me parece nada mal morirse oyendo *La muerte y la doncella* —anotó Gabriela—. ¿Porque eso era *La muerte y la doncella*, verdad? Me gustó tanto esa parte en qué… —y, no encontrando las palabras para describir la melodía, tarareó las notas que su memoria había retenido—. ¿Es Schubert, verdad?

—Sí, querida, es el primer movimiento de *La muerte y la doncella*, y lo reproduces muy bien. Ésa es una parte muy conmovedora.

—Suena como agua que se desbordara una y otra vez de una pila…

Se interrumpió para examinar la carta del restaurante. Lo hizo con el ceño fruncido, mordiéndose el labio inferior con la misma apasionada concentración con que había oído a Schubert una hora antes. Luego, con mucha decisión y desenvoltura anunció que comería escargots de entrada, seguido de un steak pimienta. Después de un corto silencio, sin embargo, que se dio mientras Ana decidía entre una sopa de pescado o endivias roquefort, Gabriela, como quien ha decidido embarcarse en un barco de guerra pero quiere saber los detalles inútiles del itinerario, preguntó qué eran escargots. Mientras Ana daba su explicación, Gabriela iba transformando su gesto en el de una mal disimulada repugnancia. Pero cuando el mesero tomó la orden se ratificó en ella con una seguridad que desconcertó a su acompañante. Un rato después, mientras los comía, siguiendo las indicaciones que Ana le dio, como quien no quiere, sobre cómo desenvolverse con las conchas, Gabriela concedió que no le gustaban del todo, pero confesó que no estaba dispuesta a dejar pasar la oportunidad de pedir un plato que no había comido nunca y que estaba segura de no poder volver a comer en los próximos tres años. "Además", añadió con ironía, "ya va siendo hora de pulirme un poco". Cuando Ana indagó por qué la extraña cifra de tres años, Gabriela explicó que era lo que calculaba que demoraría en conseguir el dinero para viajar a Alejandría. Y antes de Alejandría, seguro que estaría París. Y en París, estaba segura, los escargots costarían lo mismo que una hamburguesa.

—Si me consiguiera un buen trabajo, quizá podría irme antes de tres años —suspiró Gabriela. Luego permaneció en silencio, concentrada en su plato, como si la sola idea de viajar la lanzara a profundas ensoñaciones.

Ana preguntó qué pasaría con la universidad.

—Habrá universidades en Alejandría —contestó Gabriela mientras partía el pan, trocito a trocito, lo untaba de mantequilla, y se lo llevaba delicadamente a la boca, como una princesa en un internado suizo—. Usted ya se habrá dado cuenta de que Alejandría es una metáfora, ¿no?

—En absoluto. Explícame.

—Alejandría estaría muy bien, pero también puede ser Zaire o las islas Galápagos. En realidad, quiero un lugar donde pueda ponerme un nombre nuevo.

—¿Un nombre nuevo?

—Es otra metáfora. En realidad quiero decir huir. Dije "un nombre nuevo" porque me acordé de esa película que se llama *Último tango en París*. ¿La vio?
—Sí.
—Yo la vi en la Cinemateca. En esa película Marlon Brando ensaya a empezar de nuevo. Pues a mí me gustaría lo mismo.

Ana quiso saber por qué.
—Es una historia espesa —conceptuó Gabriela.
—¿Qué tan espesa?
—No sé si se ha dado cuenta de un tipo que me llama cada tanto…

Ana preguntó si era el que la llamaba tarde en la noche.

No —dijo Gabriela—. El que llama casi siempre los lunes, el de lengua de trapo, es un compañero de la Nacional. Sufre depresiones. A veces, cuando llama, dice que tiene sobre la mesa de noche un frasco de cianuro y que va a matarse. Que se siente sólo. El que a veces llama temprano en las mañanas, ése es Javier, mi primo. Larry es otro, uno ronco.

Ana supo que era el hombre de voz grave y cortante cuya llamada había contestado en esos días, sin duda un señor mayor. Pero evidentemente no sólo la llamaban Larry, Javier y su compañero de universidad; algunas otras voces masculinas la solicitaban, a veces a tempranas o a altísimas horas, pero ella casi siempre mandaba decir, con Ana o con Memé, que no podía pasar, que estaba dormida, que no se encontraba en la casa. En algunas oportunidades, además, le había llegado correo.

—Tienes una corte de admiradores, querida. Y hasta te escriben…

Gabriela explicó que el corresponsal que enviaba cumplidas cartas en sobres azules era Carlos, su profesor de filosofía del bachillerato, que ahora estudiaba en Rouen. Quería conseguirle una beca, llevarla a vivir a Francia.

—Ése sí es un enamorado. Platónico. No como Larry. En realidad yo no hago nada para que aparezcan. Soy muy egoísta, ¿sabe? No riego, no cultivo nada. Si las cosas crecen, bien, si no, igual me da. Me gusta la soledad.

Ana se interesó por aquel Larry. Indagó cuántos años tenía.

—Es viejo —dijo Gabriela, batallando con los escargots.

—¿Qué es viejo?

—Más de treinta. Treinta y cinco, tal vez, o cuarenta. En todo caso, no creo que llegue a los cincuenta. Pero ése no es el problema. Siempre he adorado los hombres mayores. Muy mayores. Me dan seguridad, ¿sabe? Javier dice que es complejo de Edipo.

El problema, explicó Gabriela, era que se trataba de un amigo de su madre. Había sido primero "novio" de ésta, después de que enviudara, pero recientemente había cambiado su inclinación por la hija. Ya que no le había correspondido a ella, y era un tipo con dinero, la madre estaba presionando a Gabriela para que aceptara sus requerimientos.

—¿Tu mamá quiere que te cases con ese Larry?

—No sé si casarse sea la idea. Casarse o simplemente irme con él. Ella cree que así saldremos de la pobreza. Ya le dije que mi mamá es una mujer elemental, la pobre.

Ana abrió los ojos, con espanto. Gabriela estaba tan seria que aquello no parecía una broma. Era probable que aquella niñita estuviera bastante loca y que su lucidez cotidiana fuera algo así como un síntoma extraordinario de un cerebro trastornado.

—No es un mal tipo —explicó—. Sólo que metido en cosas medio raras.

—¿Medio raras? ¿Qué cosas?

No mafia, ni nada por el estilo, explicó Gabriela. Ni era tira, ni informante de la policía, como un hermano de su madre, al que habían matado de veintitrés disparos, todos en la cara. Era más bien algo relacionado con contrabando, según había oído, un delito de menor cuantía por el cual era muy difícil ir a la cárcel.

Hizo una pausa.

—Es baboso, como un escargot —dijo—. Pero además no pienso casarme jamás. Odio el matrimonio, la casa de los tres cerditos, las camisas planchadas y los niños rozagantes. Odio las madres y los padres y también los hijos, y pienso que sólo seríamos libres si naciéramos por generación espontánea…

Dijo todo esto como hablando para sí misma, de corrido, sin énfasis, como si recitara una lección o rezara el rosario.

—La que debería casarse es mi mamá. Ella todavía es joven y bonita. Y además, odia el trabajo. Es muy haragana. Y quiere que yo sea su alter ego.

Gabriela pasó al steak pimienta. Reflexionó, con el ceño fruncido, masticando muy juiciosamente su trozo y con las mejillas ligeramente coloreadas por el vino.

—¿Alter ego es una palabra correcta en ese contexto?

Había aprendido hacía quince días la expresión alter ego y ahora la usaba cada vez que podía. Hizo otro silencio.

—Aunque quizá sea algo más que haragana.

Un cierto pudor le impidió a Ana preguntar qué otro epíteto se merecía esta madre, por lo visto tan poco estimada. Estuvieron un rato en silencio.

—En verdad es un poco espesa tu historia —dijo.

—Siempre he sido una rival para mi mamá. Siempre tuvo celos de mí. Con mi papá, quiero decir.

—Entiendo.

—Lo de Alejandría no es sino por soñar. Si ni siquiera pude matricularme en la Universidad —admitió con desconsuelo—. Larry quería pagar la matrícula pero yo no quiero deberle nada.

—¿Y el griego?

—El griego es porque es el griego. No hay ningún idioma más hermoso.

Al mover la cabeza, sus zarcillos brillaban con la luz como si los peces nadaran en un estanque.

—¿Quién te dio esos aretes, Gabriela? Son muy bonitos.

La muchacha dobló levemente la cabeza y quitó la pequeña joya de su oreja izquierda. La extendió sobre su mano delante de los ojos de Ana.

—Me los dio mi padre —dijo—. Eran, creo, de mi abuela. La de mi padre es una historia larga. Otro día se la contaré.

El mesero vino a ofrecerles los postres y Gabriela pidió un brownie con helado de vainilla. Su apetito era tan descontrolado como su imaginación, pensó Ana.

—¿Y tu primo Javier?

—Eso también es otra cosa.

Dijo esto mientras se ponía otra vez su arete en la oreja y no quiso explicar más. Encendió un cigarrillo, miró a su alrededor las mesas casi solitarias del apacible restaurante y añadió:

—Esto está muy aburrido. Deberíamos ir a un lugar más alegre, menos ceremonioso. Yo sé de uno, pero es lejos.

—Gabriela, por Dios, son las once.

Pero era viernes, Memé estaba pendiente de Emilio y, sobre todo, Ana había empezado a sentir una extraña sensación, una euforia ansiosa. Camino de Chapinero pensó que ella no era menos desquiciada que Gabriela, andando por Bogotá un viernes por la noche con una jovencita desvirolada. Pero obedeció a uno de esos sus imperativos secretos y se dejó guiar. Veinte minutos después entraron en un establecimiento de dudoso aspecto, una bodega acondicionada como bar en una calle de ventanas muertas, repleta de muchachos que conversaban despreocupadamente a la entrada, en el estrecho pasadizo que no terminaba nunca, en el salón de paredes sinuosas que se abría a otros espacios cavernosos repletos de humo. La penumbra se atenuaba con una luz violácea que desdibujaba los rostros y el poderoso volumen de la música anulaba, de entrada, toda posibilidad de conversación. Gabriela se abrió camino mientras Ana la seguía, sintiéndose tan fuera de lugar como un turista vestido de safari en una ceremonia de gala. Se acercaron a la barra y le presentó al barman. Era un muchacho de gruesas gafas cuadradas y un aire tan discreto y aconductado como el de un seminarista, que alabó con una sonrisa y subiendo las cejas el abrigo de piel de su amiga. Era evidente que ésta era una vieja conocida del lugar, a juzgar por los muchos y cálidos saludos que recibía. Pidieron dos tragos de ron, Gabriela encendió su cigarrillo y Ana se dispuso a observar el panorama desde las alturas de un banco milagrosamente desocupado al lado del bar.

Toda aquella gente joven bailaba y transpiraba con aire ensimismado, con vagas sonrisas en sus rostros, abandonados a una concentración que viajaba con la música a quién sabe qué recónditos lugares imaginarios. Una muchacha de piel oscura y pelo africano ponía toda su energía en sus caderas, haciéndolas girar como una peonza; un gordo de gorro de lana, en cambio, se limitaba a flexionar y girar las rodillas como trepando por una cuerda imaginaria y otro más, recién salido de una adolescencia que todavía dejaba en sus mejillas marcas de acné, se concentraba en un paso lleno de florituras con precisión de metrónomo. Un moreno muy alto, con el pelo recogido en cola de caballo y un tatuaje de un pequeño dragón en uno de sus poderosos antebrazos, se acercó a Gabriela, la tomó por la cintura y la alzó medio metro del suelo con la facilidad con que se levanta un pajarito. Le dio un beso en el pelo. Gabriela protestó, entre risas, alzando su cigarrillo para no quemarlo, pero luego se quedó allí, literalmente debajo de la axila de aquel hombre, que a Ana se le antojaba un practicante de lucha libre. Los tres permanecieron como espectadores, casi silenciosos, porque el volumen de la música ahogaba enteramente las palabras. De buena gana, Ana, que amaba el baile, se habría lanzado ella misma a la pista, abandonándose al ritmo metálico y taladrante de la música, como en sus tormentosos días de adolescente. Pero ni siquiera lo consideraba, tan extemporánea se sentía sentada en aquel banco, con el abrigo puesto, como una pesada chaperona que ha ido a cuidar virginidades ya perdidas. Se limitó a seguir el ritmo con su pie derecho, y a tamborilear de vez en cuando sobre la barra.

En el aire empezó a sonar una pieza de rock y entonces fue Gabriela la que se lanzó al ruedo, sin anuncio y sin pareja, y emprendió una danza imprevisible y delicada, un movimiento que iba de las caderas hasta los hombros desatando los brazos, que se curvaban como un par de ondulantes cintas de seda. Se había quitado la chaqueta y el suéter, y la camiseta blanca se ceñía a su cuerpo, transparentando casi sus senos desnudos. Desde donde estaba, Ana podía observar su largo cuello blanquísimo, el tallo de una extravagante flor de otra galaxia rematada por una espesa corola oscura y desordenada. Con sus redondos ojos húmedos que miraban al vacío, su cintura frágil y su cara infantil, parecía una bailarina ciega que un padre cruel exhibe en la calle para sacar unas monedas a los espectadores. Como si un círculo de luz la rodeara, los demás bailarines fueron abriendo un espacio a su alrededor, hasta que quedó, menuda y solitaria, en mitad de la pista. Mirándola, Ana sentía ahora una fascinación paralizante que la condenaba a contemplarla sin tregua, a seguir con los ojos los movimientos rítmicos de su cuerpo. Y mientras la observaba, por su memoria pasó, como un aletazo de sombra, la imagen de aquel infeliz anciano izado en medio de las cabezas del auditorio, pulcro y bien vestido, como conviene cuando se va a un concierto.

Ya Gabriela no paró de bailar, ensimismada y feliz; a la una, cuando cerraban el bar, hizo su aparición el primo, que no sólo no saludó a Ana sino que le dio abiertamente la espalda mientras le hablaba a Gabriela. Después de una deliberación aparte con el gigante de cola de caballo y el barman seminarista, Gabriela le anunció a Ana que se quedaba con ellos porque los esperaba el *after party*. Al fin y al cabo no valía la pena regresar a la casa por unas horas, ya que al día siguiente, sábado, ella no trabajaba. Ana se despidió, pues, y emprendió el camino de regreso, reprochándose haberse demorado tanto y paralizada de miedo. Apretaba el acelerador esperando ver aparecer en cada vuelta de la carretera los saqueadores al acecho. De vez en cuando, un carro se cruzaba con el suyo y el corazón se le desbocaba momentáneamente. Vendería esa casa que odiaba y se iría a un apartamento confortable, cerca de los médicos, del museo, de sus amigos. Llegó. Subió las escaleras con sigilo. Cuando subía el último escalón la sobresaltó una gruesa figura en la oscuridad. Era Memé, que la recibía con cara de circunstancia. Ana preguntó, alarmada, qué había pasado.

—Nada demasiado grave —se apresuró a decir la criada—. Sólo que otra vez, señora Anita, el doctor ha andado con malos pensamientos.

2

Algunos meses después de regresar del hospital, con medio lado paralizado y sin habla, Emilio había tenido por primera vez, como decía Memé, malos pensamientos. Los médicos le habían advertido a Ana que era natural que este tipo de pacientes cambiara a menudo de ánimo y entrara en abruptas depresiones, renunciando a comer y a levantarse, debido a que su recuperación era demasiado lenta y penosa, y a que la pérdida de algunas facultades los separaba para siempre de sus desempeños cotidianos. Pero Emilio había ido más allá de deprimirse. En uno de sus momentos de soledad había intentado trepar al lugar donde siempre había guardado su revólver, pero sus dificultades motrices lo habían hecho caer, fracturándose un brazo.

A Ana, exhausta a estas alturas de trasegar con el enfermo, volcada sobre él con un alma misionera que desconocía, alejada cada vez más de sus propias tareas, sobreaguando día a día en medio de terapistas, laboratorios y hasta un siquiatra especializado en pacientes con afecciones de este tipo, ese hecho, aunque fallido, la llenó de terror. Reduplicó sus cuidados y pidió a las personas que lo acompañaban que no lo perdieran de vista. Pero éste se empecinó en conductas exasperantes para sus guardianes. Un día escupió a la terapista de lenguaje porque le alzó la voz. Durante dos semanas se negó a bañarse y a lavarse los dientes. Finalmente, descartó ciertos alimentos en forma obstinada, de modo que su dieta quedó reducida caprichosamente a cuatro o cinco platos, los mismos siempre. Se negaba a dejarse cuidar de Memé y renunció a los paseos matutinos, de modo que su piel se volvió lívida, macilenta.

Dos personas venían a visitarlo con alguna frecuencia: una era Juanpedro, su vecino, un ingeniero jubilado, viudo hacía muy poco, que dedicaba sus horas libres a cuidar un enorme jardín y a arreglar los electrodomésticos. Era un hombre sencillo y cordial, y gran parte de sus visitas las dedicaba simplemente a ver televisión con Emilio. Pero a veces lo llevaba a su casa y lo acomodaba a su lado mientras cacharreaba o podaba sus flores, o hacía cuidadosos floreros, costumbre que ya tenía antes de que muriera su mujer. El otro visitante que aparecía de cuando en cuando era su hermana, una mujer enfermiza que soportaba un mal matrimonio y había optado por la religiosidad. Sentada en una cómoda poltrona, con un tejido siempre distinto, enteraba a Emilio, generosamente, de todo tipo de chismes. Traía tortas, jamones, ciruelas, empanadas hechas por ella misma, pues tenía la idea de que la comida alegra a los enfermos y espanta la enfermedad.

En sus momentos de agresividad o retraimiento, también ellos debieron soportar las asperezas de Emilio. Pero en quien volcó éste toda su desesperada acritud fue en su mujer, exasperándola a fuerza de gestos amargos. Entonces ella reventó: un día en que su marido volcó la taza sobre la colcha, enfurecido porque al probar la sopa se quemó los labios, Ana, airada, se levantó de golpe de la cama, dispuesta a no aguantar más; pero quiso la mala suerte que en su aturdimiento se estrellara contra el batiente abierto de la cómoda, haciéndose una herida en la ceja. Sin saber muy bien qué quería, salió en su carro y manejó sin rumbo, aturdida por una furia sofocada y sin siquiera llorar, dejando que un hilito de sangre goteara lento por la mejilla y la frente y le manchara la ropa, tan confundida y fuera de sí que el mundo se convertía a sus ojos en momentáneas nubes rojizas en las que entraba y salía con una conciencia a ráfagas. Paró en una droguería donde el dependiente, mientras le hacía una curación, la miraba con una sonrisita malévola, sugiriendo que sabía muy bien el origen de aquel tolondrón que se hinchaba y se amorataba en su frente.

Finalmente, pasó la noche en un hotelito de tres estrellas, en una habitación tristemente desnuda, sin siquiera un cepillo para lavarse los dientes, como una esposa golpeada y temblorosa que no sabe aún qué pasará con su vida. En aquel desangelado lugar, entre paredes color salmón y olor a desinfectante, metida entre las gruesas cobijas, viendo las imágenes desteñidas de la televisión en un aparato que producía toda clase de estertores, sintió que la envolvía una calidez casi inverosímil. Sentía como si se hubiera quitado un corsé de hierro, como si fuera una reina muy vieja que agobiada por el peso de su corona la deja al lado de su cama y recuesta la cabeza en la más suave de las almohadas. Su cuerpo era de ella, los pies, resbalando en las sábanas frías, eran de ella, ella era ella con sus tristezas y su pegote de merthiolate sobre el ojo. Durmió profundamente. Al día siguiente, hinchada y adolorida, regresó muy de mañana y encaró a Emilio:

—Siento mucho lo que te pasa, y tú bien lo sabes —le dijo—. Pero si persistes en destruirte y destruirme te llevaré a un sitio donde se entiendan contigo. ¿Me oyes?

Y agregó, mostrándole la herida tumefacta con una voz que a ella misma la horrorizó:

—Mira mi piel. Estoy viva.

A los ojos de Ana, Emilio la había castigado con la enfermedad, con *esa* enfermedad que le permitía observarla desde su silencio con una mirada impasible, que a ella se le antojaba no la mirada extraviada de un hombre que ha perdido parcialmente el contacto con la realidad, sino la de un marido humillado que observa victorioso a la víctima a la que ha sometido a fuerza de sufrimiento e incapacidad. La verdad es que el Emilio baldado y trastornado había suplantado para siempre al otro que alguna vez existió, al festivo, mundano, incisivo. Ana ya ni siquiera se acordaba de él. Hasta ahora se había dedicado, vencida por la lástima y con obsecuencia culpable, a cuidar de aquel cuerpo y a intervenir directamente en su rehabilitación. A partir de ese momento asumió sus cuidados con gestos impecables y precisos y aprendió a mantener una ligera sonrisa en los labios mientras lo ayudaba en sus tareas cotidianas, como las aladas enfermeras del hospital, siempre mitad palomas currucuteantes, mitad cernícalos deseosos de alimentarse de los ojos de los pacientes. Se sumergió en sus obsesiones y tareas con ensimismamiento de autista. Era consciente de que la disponibilidad que solía mostrar no era sino la concha durísima en cuyo centro latía el caracol encogido de la desesperación por su suerte, y sabía que su ánimo solícito para con las miserias corporales de Emilio eludía fríamente el espontáneo y laxo encuentro de las manos y las miradas y se despreciaba por eso.

 El pequeño espacio que recuperó para sí lo llenó, como era su costumbre, no de actividades placenteras ni de ratos de esparcimiento y descanso, sino de tareas sistemáticas y vertiginosas, de modo que su vida era un corredor infinito y sin ventanas que recorría día a día, acezante y angustiada. Cuando de vez en cuando salía a la luz, miraba el cielo infinito y suspiraba, segura de que ya jamás saltaría el muro ciego que la separaba de los sueños que tuvo algún día. A veces se sorprendía imaginándose cómo sería el entierro de Emilio: veía las multitudes en la iglesia, a María José enfundando su delgadez entre un vestido negro, y a sí misma, serena y altiva, detrás de un espeso velo de viuda española. En sus fantasías no traspasaba ese velo, no alcanzaba a ver sus pupilas vacías de lágrimas. A veces le gustaba también soñar con su propia muerte, y su imaginación condescendía a las escenas más melodramáticas. Detrás de todas ellas estaba Martín, castigado por su miopía, por su incapacidad, por su remordimiento.

 Aquella noche, mientras Ana y Gabriela hacían su recorrido por la ciudad, Memé había subido con un vaso de limonada a eso de las diez, como todas las noches, y había encontrado al doctor tapado hasta la coronilla, y el revólver sobre la almohada, brillando en la oscuridad como una helada advertencia. Obviamente estaba sin munición, pero para hacerse a él había tenido que escarbar en muchas partes hasta dar con su escondite, un viejo morral de María José guardado en los altos de un clóset. La criada se había quedado en la penumbra, silenciosa, escoltando desde el sofá de terciopelo lo que parecía su sueño, y había oído su gemido lastimero, un llantito apagado y blando que iba a morir en la mordaza de la almohada.

—Lloraba —explicó—, con esa flojera de niño con que lloran siempre los hombres.

Ana entendió de inmediato que aquel gesto patético, el revólver abandonado ostensiblemente a los ojos de todos, no era sino el llamado angustioso de un ser sin palabras que probablemente jamás tendría el valor de matarse. Fue directamente a la habitación y entró sin hacer ruido. Supo que su marido dormía porque oyó su respiración acompasada y sintió el aire del cuarto libre de tensiones. Luego fue hasta su cuarto, se puso la pijama, regresó, y por primera vez en un año largo se deslizó debajo de las cobijas y se apretó al cuerpo de Emilio. Sintió debajo de la seda sus músculos flojos, su pecho ligeramente hundido, el hombro izquierdo todavía sin movimiento. Apoyó su mejilla en la mejilla donde crecía lenta la barba, y acarició la cabeza, el pelo espeso y sano a pesar de la enfermedad. Emilio se movió, entre sueños, y luego se acogió al abrazo.

—Emilio, Emilio querido —murmuró a su oído.
Y luego añadió, como para sí misma:
—Qué solos estamos.

Allí se durmió, sintiéndose protegida al proteger. Antes de despertar tuvo dos sueños: en uno entraba a un inmenso edificio de sobrecogedora arquitectura, con poderosos arbotantes y arquitrabes. En su interior deambulaba por un laberinto de salas inmensas, totalmente vacías, hasta desembocar en un cuarto pequeño lleno de criptas. Un hombre con la cara cubierta con una media negra, una especie de verdugo en traje de etiqueta, la recibía invitándola a entrar. "¿Hay sitio para mí?", preguntaba Ana. "Queda un lugar, al lado de su marido", decía el hombre. Pero luego advertía: "Pero no está usted debidamente vestida. Váyase, busque su ropa y vuelva". Cuando Ana se miraba descubría, con horror, que estaba desnuda.

En el segundo sueño, Ana y Gabriela estaban dentro de una piscina vacía. Ana se acercaba por detrás a la muchacha, viendo la piel blanquísima de su espalda brillar enmarcada por el vestido de baño, y enterraba en su cintura, sin que brotara una gota de sangre, una delgada lezna de acero. Gabriela volvía entonces, dulcemente, su cabeza de niña: en el centro de sus ojos brillaban dos amatistas, volviéndolos fríos y aterradores, dos peces muertos.

3

Aquel fin de semana Ana estuvo especialmente inquieta. Revisó su trabajo para la editorial y comprobó que lo que faltaba por hacer no le llevaría más de una semana. Incluso podría prescindir desde ya de los servicios de Gabriela. Esta constatación, en vez de aliviarla, como ella misma esperaba, le causó una extraña desazón. Cuando se preguntó por qué, recordó que cada vez que el reposo se anunciaba en su vida amenazando con frenar el tobogán de emociones que eran sus días, su alocada carrera de resistencia, se sumía primero en el desconcierto, luego en la más profunda incomodidad y por último era atacada por la depresión. Esta vez, sin embargo, tenía la oscura intuición de que su ánimo perturbado se originaba en razones más hondas que no supo precisar.

Tuvo entonces una de sus súbitas compulsiones de orden: distrajo las horas del sábado y el domingo abriendo cajones, revisándolos, sacudiéndolos, botando cosas, creando nuevos sistemas de organización; comenzó por la ropa interior, siguió con la lencería, pasó como un huracán por la cocina, y finalmente llegó a la biblioteca, donde limpió el lomo de los libros, reubicó los volúmenes mal clasificados, se deshizo de aquellos ilegibles o imposibles de releer, y terminó abismada ante los infinitos archivos de papeles que no tocaba en los últimos dos años; allí se encontró con sus investigaciones, con los originales de sus notas críticas, con las finas cajas de madera olorosa donde guardaba su correspondencia —cartas de novios cuyas caras había olvidado, de amigos vivos y muertos, prolijas cartas de su hermana, enviadas desde todos los sitios del planeta—, con sus diarios del colegio y con los poemitas que alguna vez ensayó, escritos en amarillos papeles quebradizos. Terminó mirando fotos con morosa curiosidad, reconociéndose en sus quince años con ese extraño, cilíndrico peinado, y en los veinticinco, tostada y ósea como una filipina, tan atractiva que se desconocía, con María José en brazos —qué bebé más gordita y rubia era— y en aquellas vacaciones de pesadilla, sonriendo al lado de Emilio, y en fin, en los muchos momentos que fijamos tratando de combatir el olvido y que luego son casi fragmentos sin sentido, y sin embargo suficientes para mover el espíritu a la nostalgia, a la risa, a la tristeza.

En la noche del domingo, como aceptando el llamado de una necesidad que no daba tregua, bajó al sótano y sacó a la luz sus viejas pinturas: los cuadros que durante casi quince años habían estado allí en el más completo olvido, pero tan cuidadosamente almacenados que se diría que siempre estuvieron esperando una mano salvadora que los librara de la oscuridad. Mientras los miraba, con la actitud cariñosa e implacable con que se miran las cosas ya definitivamente idas, Ana se sorprendió de reconocerse todavía en ellos. Sus trazos, que hoy encontraba demasiado vehementes, la remontaron a las poderosas emociones de los días en que, enardecida por el deseo permanente de pintar, pasaba las horas concentrada en los lienzos, en fatigosas y gratificantes jornadas, debatiéndose por expresar cosas tan intangibles como verdaderas. Recordó con vivacidad sobrecogedora ciertos momentos de aquellos meses, ampliados sin duda en la memoria por la intensidad que tuvieron. Se dijo que si hoy volviera a pintar no estaría muy lejos de esas formas firmes y resueltas. Se dijo que tal vez no estaría mal que probara de nuevo. Se dijo, finalmente, que nada le daba tanto miedo como volver a intentarlo. Cuando se fue a la cama, tenía la sensación de haber limpiado el polvo de sus propios huesos, de modo que por primera vez en mucho tiempo no se entregó a sus obsesivas fantasías, sino que se durmió de inmediato y tuvo sueños plácidos que al día siguiente pudo recordar con detalle.

El lunes, al salir de la galería, en vez de dirigirse a su casa decidió ir a mirar tiendas. Las recorrió probándose las más diversas piezas sin decidirse a comprar nada, pero disfrutando relajadamente de su vagabundeo. Cuando ya se marchaba vio en la vitrina un suéter de lana gris, una pequeña prenda a la vez sencilla y sofisticada, y cediendo a un impulso preguntó el precio. No era una cifra razonable para tiempos de forzosa austeridad, y sin embargo, por encima de toda sensatez, pidió que se lo envolvieran en papel de regalo y pagó de contado. Cuando llegó a su casa buscó a Gabriela en la habitación de Emilio, en su cuarto, en la biblioteca, pero no la encontró. Dejó el paquete sobre la almohada de la cama de la muchacha y bajó a la cocina.

—La señora debería ponerle más cuidado a *esa* niña —dijo Memé, mientras arreglaba la ensalada—. No creo que cuide muy bien al doctor ni tampoco que adelante mucho las tareas que le encomendó la señora Anita.

—¿Por qué dices eso, Memé? —preguntó Ana, segura de que el temido ataque de celos de su criada había llegado por fin. Dueña y señora de sus territorios, no tardaba en empezar a rezongar cuando cualquier figura amenazaba con hacerle sombra; a cada una de las enfermeras que había tenido Emilio le había encontrado su secreto "pero", que se encargaba de comunicar a Ana de la forma más discreta, sin apartar los ojos de lo que hacía y disfrazando su recelo detrás de los más diversos y aparentemente desprevenidos comentarios.

—Se la pasa metida en su cuarto, oyendo eso que ella llama música, y tal vez durmiendo, porque luego sale con los ojos rojos como los de un conejo.

—¿No le lee a Emilio, Memé, ni lo saca de paseo? Dímelo claro, por favor.

—Bueno, leer pues si lee. Y pasearlo, nadie puede decir que no lo haga.

—Y entonces, ¿qué es lo que no hace?

—Es que lo grave no es lo que no hace sino lo que hace, señora Anita.

—Bueno, pues cuéntamelo de una vez, Memé, déjate de andar con rodeos.

—Pues lo que le digo del encierro, que no me parece bien. Sólo la gente que esconde algo se encierra, ¿no le parece? Y cuando uno se acerca a la puerta sólo se oye la música, nada más. Seguro que duerme.

—¿Y es que oyes detrás de las puertas, Memé? ¿Quién me dice que a mí no me espías?

—¡Ay, señora Anita, por Dios! —Memé había alzado los ojos como si tratara de mirarse la frente—. Es distinto. Porque lo que yo veo en esta casa es que esa niña habla más de lo mandado por el teléfono, sobre todo si se tiene en cuenta que dizque hay que economizar, según la propia señora Anita me ha repetido… Y no sé si la señora Anita se ha dado cuenta que todos los que la llaman son hombres.

—Bueno, eso no es problema tuyo, Memé, ¿no crees? ¿Y eso es todo?

Ana sintió un cierto alivio.

—Y ahora lo de los paseos… De un tiempo para acá le ha dado por la compinchería con Manuel. Cada vez que puede se mete allá, a distraerlo y a no dejarlo trabajar. Mire: son las siete y ya hace más de una hora que salió. Y para acabar de ajustar cada vez que puede trae por acá a Arú y me llenan la casa de barro.

—¿Y los paseos son a menudo? —preguntó Ana, más por darle cierta importancia a Memé que porque creyera en el mérito de la explicación.

—A la hora más inesperada se desaparece, señora Anita. No necesite yo una ayuda con el doctor, que fijo a Gabriela se la tragó la tierra.

Ana tranquilizó a Memé prometiéndole que tendría una charla con su asistente. Y acto seguido salió ella misma a dar una vuelta con la intención de encontrarse con la muchacha. La noche, después de un día de lluvias ligeras, olía a humedad, a resina, a tierra fértil. La luna era una débil uña azulosa entre nubes y los árboles movían inquietas las hojas, aunque el viento soplaba con moderación. Atravesó el patio delantero, sembrado de fino y parejo césped, cruzó el portal y bajó hasta la cañada, que gorgoteaba entre chirridos de grillos. Llamó sin alzar la voz pero nadie le respondió. Caminó entonces, bordeando el sembrado de sauces, hasta una colina coronada de piedras, desde donde le gustaba contemplar la sabana, pensando que allí estaría Gabriela fumando su cigarrillo sin filtro con el walkman puesto. Pero no, no había rastros de la muchacha. Se sentó sobre las piedras, envolviéndose en su chal de cachemir porque el frío empezaba a arreciar, y estuvo un rato mirando la red de luces de las fincas vecinas que se extendía como la mágica tela dorada de una araña. Sintió que a ella también la empezaba a envolver una red acariciante que le encendía la piel y la doblegaba dulcemente. Aspiró el aire de la noche cerrando los ojos y viendo el fuego naranja detrás de los párpados.

Caminó otra vez dando un rodeo que la obligaba a pasar por delante de la cabañita de Manuel. El perro, amarrado de una estaca a la puerta, empezó a ladrarle apenas la vio. Manuel, en cambio, no se veía por ninguna parte. Había luz adentro y se oía el sonido de la televisión, las voces falsas y siempre idénticas de los actores que doblan los enlatados gringos. Entonces, detrás de esas voces, Ana creyó oír una risa suave, contenida. Se detuvo a escuchar, pero los ladridos del perro ahogaron todos los ruidos. Una curiosidad morbosa la poseyó de repente. Se deslizó entonces contra la pared, se apoyó en el marco de la ventana y permaneció atenta tres o cuatro minutos, en los que reinó un silencio casi total. El perro ya no ladraba, gruñía. Oyó entonces una palabra dicha por Manuel, emergiendo nítida de una bruma de susurros: era una palabra obscena, oscura y repugnante como una bola de pelos. Otra vez oyó la risa femenina, juguetona, casi ahogada. En ese momento una gota de lluvia, pesada como una moneda, cayó sobre la cabeza de Ana, y luego otra y otra. Se protegió con el chal y corrió los cien metros que la separaban de la casa.

  Emilio, vestido con un suéter beige, unos pantalones de lanilla y unas pantuflas, jugaba solitario. Sobre su escritorio Ana vio el glosario que Gabriela había organizado alfabéticamente. También reposaban allí los tres artículos suyos sobre arte latinoamericano que había escrito hacía al menos siete años para una revista catalana y que no se publicaron jamás. Los releyó. A medida que avanzaba sentía que eran unos textos correctos, atractivos, vigentes. Quizá valiera la pena hacerles algunos retoques e intentar publicarlos en una revista de prestigio. Pero Ana estaba irritada, aunque no quería estarlo. A su memoria volvía esa palabra obscena pronunciada por Manuel, y que ella había oído casi por casualidad. ¿Y si esa muchachita fuera una irresponsable que estuviera corriendo riesgos innecesarios por los cuales ella tuviera que responder después?

  Media hora más tarde unos pasos menudos la distrajeron. Gabriela entró al estudio empapada de pies a cabeza. Se había quitado el suéter, y lo apretaba hecho una bola a la altura de la cintura.

—Hola —dijo, acezando.

—¡Por Dios! ¡Estás loca! —Ana no podía creerlo. Retorciendo su ropa se habría podido llenar un balde—. ¿Dónde andabas?

  Gabriela desenvolvió cuidadosamente el suéter frente a los ojos de Ana y ésta vio cómo se movía una criaturita redonda y gris, con los ojos cerrados y el triángulo de la nariz y el interior de sus pequeñas orejas del color de las pomarrosas.

Ana admitió que era bello, a pesar de su aspecto menesteroso.

—¿Quién te lo dio?

—¡Me lo encontré! —explicó Gabriela—. Es un milagro. Se moría de frío. No debe tener ni ocho días…

Ana se encontró con los ojos cristalinos de la muchacha, y le pareció que había en ellos una inocencia irrefutable.

—No sé si Proserpina lo resista, Gabriela… —reflexionó, señalando a la gata que, apoyada en el brazo del sofá, estiraba la cabeza y alertaba las orejas.

—Yo se lo explicaré y ella me comprenderá… —contestó Gabriela.

Y a renglón seguido extendió su mano izquierda, donde el pequeño gatito se desperezaba abriendo mucho la boca y dejando ver su lengua mullida y rosada, hasta ponerla en las narices de la gata; con la otra mano acarició la cabeza de ésta mientras le explicaba, con metáforas y expresiones hiperbólicas, las desgracias de la orfandad y el desamparo. Proserpina la escuchaba con los ojos bajos, como meditando en sus palabras.

—Y tampoco creo que a Memé le haga mucha gracia… —añadió Ana.

—Eso me preocupa menos —dijo Gabriela— porque lo cuidaré yo.

Y subió al gato hasta su nariz, donde todavía había gotas de agua, e hizo el gesto de restregarse con él. Un charco comenzaba a formarse a sus pies.

—Vas a morirte —dictaminó Ana— y ese minino va a quedar otra vez huérfano. Quítate de inmediato esos zapatos.

Gabriela, sonriendo y como si no oyera, depositó el gatito sobre el escritorio, entre los papeles de Ana. Mientras se desamarraba los cordones anunció que ya le tenía nombre.

—Nácar. Un nombre bonito, porque Proserpina parece un remedio para las amibas.

—Es el nombre de una diosa romana —explicó Ana— raptada por Plutón.

—Peor aún —opinó Gabriela— porque nada de eso viene al caso tratándose de una gata corriente de una casa de clase media.

Ana se rió, sin saber qué pensar sobre aquello de clase media. Pero admitió:

—Tienes razón, Gabriela. Ese nombre se lo puso Emilio. Son los estragos de hacer todos los días el crucigrama. Pero no he visto un nombre más cursi que Nácar. Y además para un gato gris.

—Pero hay perlas grises —dijo Gabriela, mientras se liberaba de los bluejeans, que chorreaban agua.

Ana consideró inútil entrar en explicaciones sobre las propiedades del nácar. En cambio, le trajo una toalla a Gabriela.

—Voy a llenar la tina para que te des un baño de agua caliente. ¿Quieres una taza de chocolate? ¿O tal vez una agua de panela?

Gabriela abrió mucho los ojos e hizo un mohín de niña consentida.

—No. Quiero un brandy. Tomar un baño de tina con mucha espuma tomándome un brandy me parece muy *sofisticado*. Pronunció esta palabra con todo el énfasis.

—Como en una película barata —dijo Ana.

—La vida se parece más a las películas baratas de lo que uno cree.

Tomó a Nácar en la palma de su mano, siguió a Ana hasta el baño y lo puso sobre la tapa del inodoro con tanta delicadeza como si fuera de cristal. Luego se desnudó enteramente, se envolvió en la toalla, tiritando, y se sentó en el borde de la tina; mientras el agua caía recuperó el gato, que enredaba sus uñas en la tela áspera de la toalla.

—Tan pronto termines de revisar la bibliografía te tengo un trabajo distinto, Gabriela —dijo Ana—. Quiero que me digites unos textos viejos.

Gabriela asintió con la cabeza, pero era evidente que pensaba en otra cosa.

—Pasó algo terrible —dijo.

Ana probaba la temperatura del agua con la punta de los dedos. Miró a la muchacha con ojos intrigados.

—Su abrigo —dijo Gabriela.

—¿Lo botaste?

—Casi, pero no. Pasé la noche en la casa de Sergio, salimos a desayunar al mediodía y lo olvidé. Pero es rescatable.

Ana preguntó quién era Sergio.

—El de la cola de caballo, el grandote.

—No lo voy a usar nunca, pero era de mi mamá —dijo, sintiendo un enojo incomprensible. Cerró la llave.

—Listo. Entra. Pero no irás a meter el gato, para que se cague en el agua.

La muchacha lo colocó suavemente dentro del bidet. Se rió:

—Pobre Nácar. Parece que hubiera sobrevivido a una guerra.

Enseguida se despojó de la toalla. Tocó el agua con la punta de su pie derecho, entró a la tina y se extendió, de modo que sólo sobresalía su cabeza. Ana observó su cuerpo delicado, tan transparente como sus mejillas sin sangre, la fina cintura en la que el ombligo lucía como la diminuta concha de un caracol, los muslos lisos y duros, los hombros blanquísimos que se oscurecían en las clavículas, y sintió envidia de aquella luminosa juventud. Se perturbó.

—¿Querías espuma? Pues tendrás mucha espuma. —Ana vació en el agua un líquido espeso de color azul y revolvió con la mano—. Y ahora te traeré el brandy. A que nunca estuviste tan bien servida.

Gabriela llamó a Nácar, sin efecto alguno. Desde donde estaba apenas si le veía la punta de las orejas.

Ana se puso en cuclillas para entregarle la copa. Se quedó mirándola.

—Espero que te estés cuidando, querida…

Gabriela le devolvió la mirada, pareciendo no entender. Pero luego sus pupilas color humo, en las que los reflejos del agua ponían puntitos plateados, se iluminaron con malicia. Sonrió.

—Me estoy cuidando —dijo—, aunque ¿no cree que se pierde vida cuando uno sólo está pensando en cuidarse?

Y como viera que Ana la miraba en silencio, se explicó:

—Se cuidan los que no toman un avión por miedo de matarse, y no suben montañas porque creen que van a partirse un pie, y no se arriesgan a hacer lo que siempre quisieron por miedo a no tener éxito, y no se enamoran por no tener penas. A mí no me gusta cuidarme, y menos de la gente.

Estornudó.

—¿Todo eso te lo enseñó tu profesor de filosofía?

Gabriela sopló una ristra de pompas de jabón, haciéndose la desentendida.

—No te cuides de la gente, pero sí de las gripas. Y de la filosofía doméstica o terminarás escribiendo libros de autoayuda —dijo Ana, mientras salía.

—No se preocupe por el abrigo —Gabriela intentaba ser amable—. En el fin de semana me paso por él.

—Jamás lo uso, ya te dije —contestó Ana. Dio un último vistazo a la muchacha y sólo vio su cabecita empapada saliendo de una montaña de espuma.

—Pero era de su madre. Y madre no hay más que una —se burló, ya a sus espaldas.

A la mañana siguiente Gabriela amaneció con escalofríos y no pudo levantarse. A las tres de la tarde Memé llamó a Ana a la galería para avisarle que la muchacha estaba ardiendo en fiebre y sintiéndose muy mal. A las siete llamaron al médico, que dictaminó una gripa fuerte y principios de neumonía.

—Dos enfermos debajo de un mismo techo es más de lo que cualquiera puede resistir —rezongó Memé.

—Pues no hay remedio —sentenció Ana—. Paciencia y barajar.

Pero la criada no tuvo que dispensarle cuidados. El miércoles muy temprano la camioneta roja paró con estrépito delante de la casa y el primo de Gabriela anunció que se la llevaba.

—Pero si aquí está muy bien cuidada —razonó Ana.

—Pero ella quiere. ¿Cierto que sí? Allá la cuidará la mamá.

Gabriela asintió, los ojos llorosos y la nariz enrojecida de tanto sonarse.

—Escríbeme aquí tu teléfono, para poder averiguar como sigues.

Gabriela escribió en el papel que Ana le extendía.

—De una vez ponme tu dirección. Nunca se sabe.

Estrenando su suéter gris y con un gorro de lana de María José, Gabriela subió a la cabina, llevando a Nácar en una canasta de paja que Memé había acondicionado con una carpeta acolchada.

—Te llamo pasado mañana.

—Prefiero llamar yo —contestó Gabriela—. Si es que no me muero antes.

Ana se quedó mirando la carretera hasta mucho después que la nube de polvo se disipara en el aire de la mañana.

4

Es viernes, ha oscurecido ya sobre la sabana, pero persiste un resplandor helado en el horizonte, como si la luz del día se resistiera a desaparecer. Ana, sentada en una silla de madera, mueve la ficha de parqués. Por la amplia ventana de la biblioteca puede ver las luces titilantes, flotando en la densidad del paisaje. Frente a ella, sentado en una pesada poltrona verde, Emilio, inexpresivo, mira en silencio el tablero multicolor. Otra vez la suerte ha hecho que Ana caiga en la cárcel, que el juego, moroso ya en sí mismo —los movimientos de su marido son torpes, sus decisiones confusas—, retroceda. El pie de Ana sube y baja, único signo visible de su impaciencia. Pero en muchos años de ejercitar su voluntad ha aprendido a reprimir sus irritaciones y volubilidades de temperamento, y pareciera más bien abstraída, ligeramente triste. Mientras su marido lanza los dados, lo observa: un bulldog de mejillas colgantes, un águila muy vieja a la que han roto un ojo con una piedra. Quiere ya salir de la cárcel, dar por terminada la partida.

—Una cárcel es más dura que nunca un viernes al anochecer —piensa.

De la cocina sube un olor a tomate horneado, a queso. Hoy serán berenjenas, su plato preferido, un regalo que de tanto en tanto le hace con todo esmero Memé. Por ahora, sin embargo, no le apetecen: un ardor en la boca del estómago la acompaña desde hace unos días. Mira cómo caen los dados, como ruedan haciendo ruido sobre el tablero. Cinco uno, seis el otro. Emilio ya va subiendo al cielo. Y ella en la cárcel. Y ese pequeño infierno en el plexo solar. Últimamente se le dificulta concentrarse en sus tareas y sufre oscilaciones inexplicables de su estado de ánimo. Mira a Emilio trepar con su ficha azul por las escaleras del cielo, las piernas tapadas con la manta de lana. Piensa que hoy la suya no es la seca soledad de siempre, soportada con estoicismo de eremita, sino una soledad enervada, ansiosa, tensa. Por fin, Emilio ha coronado. Le da dos golpecitos en el hombro. Le pregunta si tiene hambre. Enciende la televisión.

Abre la ventana, respira el aire helado, escucha. No los grillos, no, ni el rumor lejano de la quebrada, sino el viernes en la noche, que ha venido a su imaginación con su ruido de automóviles y música, de risas y saludos, pues sin duda empiezan ya a darse los encuentros esperados, el ablandamiento de los cuerpos que se sacuden la rutina de la semana. En sus fantasías Ana se ve a sí misma como un ser a quien han recluido en una burbuja de cristal y se alimenta de suero, mientras afuera los demás ríen y comen y beben, indiferentes al enfermo que, pálido por ausencia de sol, apenas sobrevive en su transparente cautiverio.

Se pregunta por qué Gabriela no ha llamado. La repentina idea de que su enfermedad haya progresado y no esté en condiciones de hablar con nadie la preocupa. Pero otra posibilidad se abre paso de inmediato en su mente: si le advirtió que no la llamara, quizá se debiera a que no iba a estar en su casa sino en la de aquel primo, tan vulgar y desparpajado, que la recoge siempre con la acuciosidad de un amante.

Mientras elucubra siente un deseo inaplazable de llamar y hablar unas palabras con Gabriela. Es un deseo súbito, impaciente, que choca con aquellas palabras finales de la muchacha que neciamente la ofenden cuando las recuerda. Pero se contiene. Esperará hasta el día siguiente. Gabriela es una muchachita distraída, con seguridad habrá olvidado su promesa.

Este llamado a la sensatez, sin embargo, no la tranquiliza. Se dice que estos arrebatos imprudentes no son sino síntoma de su ánimo inconstante, y que tal vez debería darle un cambio a su vida, que la rutina la está asfixiando, que su cuerpo es apenas un montón de funciones biológicas marchando al ritmo implacable de los relojes, que odia decidir cada una de las pequeñas cosas de la galería, que se aburre, que necesita un hombro, una mano que le acaricie la cabeza. Quizás un viaje a Viena le haría bien, estar a solas con María José en un espacio ajeno, en medio de caras desconocidas, oyendo un idioma que la separa del mundo en vez de acercarla a él.

El mundo. La cárcel. El resplandor del horizonte se ha esfumado, como un día se esfumará Emilio, y ella, y su memoria, y sus últimos vestigios, dispersos en hogares de lejanos bisnietos sin ninguna imagen de su rostro.

—Hay berenjenas —dice—. ¿Quieres que te suban? ¿O comemos en el comedor?

5

El sábado Ana fue a un almuerzo en honor de un curador alemán que estaba de paso por la ciudad, una de aquellas reuniones a las que asistía de vez en cuando, donde todo el mundo era deliberadamente interesante y aburridoramente previsible. Cuando salió a la calle eran las cuatro. Un cielo luminoso y tirante, azul como un sueño de infancia, la arrojó sin misericordia y sin aviso al centro mismo del vacío. Al llegar a la amplia avenida Ana vio con horror que el mundo todo se entregaba ya a los desbordamientos de una navidad anticipada, que los árboles y los postes de la luz y las vitrinas brillaban con las iridiscencias de los adornos de tal fecha, y que el verde y el rojo, el dorado y el plata caían como confeti sobre los paseantes, alborotados además por el insólito aire primaveral de la tarde. Muchachitos de cabezas engominadas y tenis intergalácticos caminaban en gavilla, eufóricos y plenos, disfrutando del atardecer, anticipándose a la noche que prometía fuertes sensaciones. Parejas altas y bajas, gordas y flacas, se abrazaban y se besaban en las esquinas, en los paraderos de buses, en las contrahechas banquitas de los parques. Ana anticipó en su mente el plácido camino a su casa, la carretera en la que el sol haría ahora crecer sombras melancólicas, el silencioso resplandor del paisaje sabanero, y su corazón insatisfecho tuvo miedo de caer en un pozo de desasosiego. Hizo una lista mental de posibilidades. Necesitaba aferrarse a algo terreno, a un café, a un cine, a una conversación en una terraza, a un concierto. A dos cuadras de allí vivía Marco, un viejo amigo suyo, músico, homosexual, deliciosamente perverso y muy divertido. Fue hasta su apartamento, timbró varias veces, desafió a un detestable chihuahua y a una portera malgeniada, sin ningún éxito. Dejó una nota y volvió a subir a su automóvil. Llamó entonces a Malena, pero la máquina le contestó con un mensaje inverosímil: "Hola, sé que no es fácil atreverse a hablar con un aparato. Pero ¡anímese! Yo estaré contenta de saber que no es usted un cobarde". Pensó que la energía constructora de su amiga, su espíritu positivo, como se dice ahora, la irritaban profundamente.

Sentada allí, frente al timón, sin saber muy bien qué hacer, añoró tener a su hermana en la misma ciudad, ir a sentarse con ella en la cocina a hablar de los niños, dejar que esos malcriados pusieran sobre sus rodillas las manos llenas de mermelada. Añoró a su madre, que siempre la recibía diciéndole que no la veía bien, que estaba muy flaca, y a su padre, que miraba televisión mientras ella los visitaba, y hasta añoró a aquella prima entrañable con quien se había peleado hacía tantos años y con la que tantas veces se había emborrachado, y llorado, y a la que había contado sus cuitas mientras oía las suyas… Quizá, en esta tarde soleada de un sábado, lo improbable tuviera lugar y encontrara una amiga dispuesta a ir a un cine. Pero no se realizó tal milagro. Desde el celular hizo una última llamada después de un momento de vacilación. El timbre sonó una, dos, tres veces. Una mujer con la respiración acezante contestó al otro lado de la línea. Su manera de hablar era grosera, impaciente. Ana colgó. Y después de haber colgado se preguntó por qué hacía aquello tan infantil, por qué cedía ante la abrupta voz de una desconocida. Encendió el automóvil, pensativa, bordeó un parque, enrumbó al sur y buscó la calle sesenta y tres buscando el occidente. Bajó por la amplia avenida viendo cómo el cielo se tornaba de un extraño color ocre brillante, que llenaba el aire de reverberaciones, y luego giró a la derecha y entró a un barrio obrero por una calle populosa atiborrada de talleres de reparación de carros y ventas de repuestos y humildes tiendas llenas de contertulios en la puerta, hombres que bebían cerveza desde el mediodía y se veían ya borrachos. Las calles de Bogotá, plagadas de agujeros, se hacían allí por momentos vías impracticables. Los automóviles avanzaban cautelosos, esquivando los huecos, los promontorios de tierra de arreglos terminados a medias. Ana, sintiendo en su pecho un ligero sobresalto, buscó la dirección hasta encontrarla. Se detuvo frente a una casa estrecha, de dos pisos, de fachada tosca. La puerta, desproporcionada en relación con el conjunto, era azul pálida. Timbró. Transcurrieron unos minutos silenciosos. Ana timbró de nuevo. Por el zaguán se oyeron unos pasos y una voz de una mujer.

—¡Va, va! Sin acosar que…

Abrió. Unos ojitos indios parecieron sorprendidos al ver a Ana. Se disculpó:

—Qué pena, señora, pensé que era Wilmer que volvía de hacerme un mandado. ¿Qué se le ofrece?

Preguntó esto último con la firme convicción en su cara de que aquella señora vestida con ese elegante traje negro estaba allí por una equivocación.

—¿Es usted, de casualidad, la mamá de Gabriela? —preguntó Ana.

—No, señora —dijo la mujer haciéndose a un lado y poniendo cara de extrañeza—. La mamá de Gabriela vive en el segundo, a la derecha. ¿Acaso le pasó algo a la Gabi?

—Nada que yo sepa —contestó Ana, suponiendo, por la respuesta, que la muchacha no estaba en casa. Aún así pasó adelante.

El corredor de baldosas de colores desembocaba en un patio rectangular cubierto por una marquesina muy alta, que dejaba pasar brumosamente la luz, la cual se remansaba entre las paredes con la turbia refulgencia de los acuarios. Un olor a col hervida y a humo venía de alguna parte, tal vez de la trasera, donde el corredor volvía a perderse. Un viejo ciego estaba sentado en un banquito, en uno de los extremos del patio, apoyado en su bastón. A la altura del segundo piso y alrededor del patio se extendía un estrecho corredor con barandas de madera pintadas del mismo azul de puertas y ventanas. Ana subió las escaleras y golpeó en la puerta que le había señalado la casera.

Una mujer de unos cuarenta años, con el pelo teñido de rubio, vino a abrir la puerta. Ella era la madre de Gabriela; la niña no estaba, pero bien pudiera pasar, Gabriela la había mencionado tanto que era como si la conociera. Animada por una morbosa curiosidad, Ana entró a la sala, más amplia de lo esperado, o quizá tan sólo diera esa impresión por su drástico despojamiento, unos pocos muebles sobre el piso sin alfombras y las blancas paredes desnudas con manchas de humedad. Se sentó en la única poltrona, tapizada con un paño a cuadros azules y solferinos.

La madre no se parecía en nada a Gabriela: era una mujer mediana, de piel tostada y ojos oscuros, con una belleza deslumbrante que empezaba a marchitarse, y un aire desenfadado y sensual. Llevaba una blusa de flores y una falda roja, y el contraste de su atuendo con su pelo rubio era chillón, decididamente vulgar. La mujer no estaba sola: la acompañaba un hombre apuesto que vestía una camisa crema y llevaba en la muñeca una pulsera dorada. Ana indagó por Gabriela. La madre movió la cabeza y sonrió, con ironía, como dando a entender que no había riesgos de que se encontrara allí. Contó que había estado acostada, con fiebre, hasta el mediodía del jueves, pero que esa misma tarde había salido, todavía enferma, y aún no regresaba.

—Vino, como siempre, por plata, y enseguida se largó. Me hizo comprar antibióticos y ahí los dejó todos. Olvidó los frascos. Con lo caros que están.

—Si se enfría va a darle una pulmonía.

Oyéndose pronunciar tan maternales palabras, Ana se desconoció.

La madre se encogió de hombros y alzó las cejas, dando a entender que nada de esto estaba en sus manos. El hombre, recostado contra el borde de la pared, miraba la escena con curiosidad mientras hurgaba su oreja bruscamente con el dedo meñique, como alguien a quien le ha entrado agua y alivia la sensación de sordera.

—¿Y avisó dónde estaba?

Mientras hacía la pregunta Ana sonreía, para disimular su impertinencia.

La madre volvió a encogerse de hombros y emitió un sonido que significaba que ése no era su problema.

—No es la primera vez que duerme por fuera. Cuando la coge la noche por ahí prefiere quedarse a dormir donde esté.

El hombre, que había permanecido en silencio, intervino:

—Ya que parece que a usted le hace más caso que a nosotros, debería decirle que se ajuicie, señora.

Ana encontró muy impertinente la observación pero se molestó, sobre todo, por la forma en que ese hombre la llamaba señora.

—Larry se impacienta con la rebeldía de la muchacha —dijo la madre, como disculpándolo—. Ha tratado de ser como un padre para ella, de brindarle todo apoyo, pero esa niña es difícil, he de decirle. Es como el difunto Juan: le falta peso en el culo.

—Respete a la señora, mujer, que no debe estar acostumbrada a esas groserías —dijo el hombre, con una sonrisa. Ana creyó adivinar en sus palabras una leve sorna.

—¿Es usted escritora, no? —dijo la madre.

—No exactamente —contestó Ana, mientras se preguntaba qué tipo de pareja era aquella. Los zapatos cafés del hombre eran muy grandes, desproporcionados. La madre de Gabriela, unos años mayor que él, lo miraba con una mezcla de aire maternal y aquiescencia.

—La niña me dijo que era usted escritora. A la Gabi le gusta inventar, ¿sabe? Tiene una fantasía extraordinaria. Podría ser escritora, como usted, si quisiera.

La invitó a sentarse. Ana accedió, sintiendo que no podía hacer nada contra aquella fuerza hipnótica que la impelía a quedarse. La mujer hablaba sin parar.

—A veces no sé bien qué hacer con ella. Le dio por eso de la pintura, que no sé para qué sirve. Y no tiene consideración conmigo. Vea usted, cada vez peor: ayer mismo nos cortaron el agua porque yo ando sin un peso. Porque, ¿quién consigue un trabajo en estos días, señora? Ni suplicando le dan a uno un chancecito…

El hombre jugaba con su pulsera dorada.

—No se queje tanto, que lo fundamental no le falta —dijo.

—¿Le parece que el agua no es algo fundamental? Voy a decirle, señora, estoy harta de pobreza. Y la Gabi, poco que ayuda.

La madre de Gabriela la miró a los ojos e hizo un significativo silencio. Ana creyó entender lo que decía esa mirada y caminó conscientemente hacia la trampa, como una mosca atontada atraída por la telaraña.

—¿Necesita…?

La mujer alzo la cabeza, con un gesto orgulloso.

—Lo malo es que no sirvo para pedir.

Un silencio tenso se hizo en la habitación. Ana abrió su bolso, extendió a la mujer cuatro billetes.

—No, no señora —dijo la madre, sin mucha convicción.

—Perdone si la ofendo. Pero no es limosna. Es para que se pague los remedios de Gabriela. Al fin y al cabo se enfermó en mi casa.

La mujer la miró a los ojos, sin sonreír. Recibió los billetes y bajó la cabeza. Volvió a alzarla enseguida.

—Gracias —dijo. Ahora miraba hacia el frente, por encima de Ana, como si temiera que sus miradas se cruzaran—. Me había dicho Gabriela que usted era muy generosa.

El hombre de la camisa crema se adelantó y se sentó al lado de la mujer, en el borde del asiento.

—Devuélvale eso, por favor —ordenó.

La mujer permaneció quieta, los billetes en la mano.

—Es una bobada. Plata que le debo a Gabriela —se obstinó Ana, con un tono más amable del que habría deseado escucharse.

El hombre no insistió. La madre de Gabriela dio las gracias otra vez y pareció perder su interés en la extraña visitante. En la sala se hizo un largo silencio. Pero ya Ana se levantaba para irse. La mujer la acompañó hasta la puerta.

—¿Alguna razón para la Gabi?

Ana lo pensó un momento. Luego la miró a los ojos con forzada simpatía:

—Preferiría, si es tan amable, que no supiera que vine. De todos modos ya está aliviada.

—Si así prefiere…

Ana dio media vuelta y empezó a bajar la escalera. Se había hecho oscuro mientras tanto y una bombilla lúgubre iluminaba ahora el corredor. El ciego permanecía en el patio. Al oír a Ana volteó la cabeza, y ésta vio la atroz línea blanca que dejaban ver sus párpados estáticos. Salió a la noche helada, olorosa a humo, a caucho quemado.

—Es mi culpa —se dijo, mientras subía al automóvil—. Soy una verdadera estúpida —encendió la radio. *Y no hay rima que rime con vivir*, cantó la voz, con fuerte acento argentino.

6

El lunes por la mañana, cuando Ana salió del estrecho camino polvoso y tomó la carretera, vio que Gabriela se apeaba del bus. Llevaba puestos sus viejos bluejeans, sus tenis azules, el inverosímil abrigo de piel y unas gafas de sol que la hacían ver como una joven actriz de Hollywood. La muchacha la alcanzó a divisar desde el otro lado de la avenida y le dijo adiós con la mano. Nácar colgaba de ella, tan lánguido y famélico que parecía más bien una bolsita con huesos.

Aquella visión de la muchacha persiguió a Ana durante el día. No eran aún las cuatro de la tarde cuando abandonó la galería, a pesar de que todavía tenía trabajo pendiente y fue derecho a su casa. Subía las escaleras cuando oyó la voz de Gabriela. Desde donde estaba, sus palabras se oían a la vez frágiles y poderosas, como el susurro de un bosque. Conversaba. ¿Pero con quién? ¿Estaría pegada del teléfono, como decía Memé, sentada en la cama de Emilio, mientras éste se aburría sin nada qué hacer?

—Hay muchas razones para mantener un secreto —decía—. A veces uno no cuenta cosas por vergüenza, y en otras los secretos se mantienen por piedad, o por dignidad, o por orgullo; pero también puede ser por vanidad, o por amor. Y muchas veces yo creo que se tiene un secreto por el puro gusto, por saber que se tiene algo propio. Lo bueno de tener un secreto es que siempre se le puede conceder a alguien como prueba de que se lo quiere y merece nuestra confianza, así a última hora se detenga en la punta de la lengua. Yo pienso que todos tenemos un secreto. Tal vez no un gran secreto, no el mismo, sino uno que va cambiando cada vez. Y cuando uno los revela se vuelven como cáscaras, como esos caparazones que quedan después de que vuelan las mariposas. ¿Cómo es que se llaman…?

Ana se había acercado a la puerta del cuarto de Emilio, sigilosa. Esperaba ver a Gabriela extendida en la gigantesca cama, recostada en la almohada, el teléfono en una mano y un cigarrillo en la otra, mientras su marido jugaba solitarios o simplemente miraba la televisión. Pero lo que vio fue algo muy distinto: Emilio y Gabriela estaban sentados de espaldas, cada uno en una mecedora, mirando por la ventana el atardecer. Con estupefacción oyó que Emilio decía, con un hilo de voz, sucio, ripioso, pero en forma perfectamente inteligible:

—Crisálidas… Aunque no, crisálida es la larva. Capullo es la caparazón.

Ana pensó primero en el incansable descifrador de crucigramas. Luego, como recapacitando, se estremeció de asombro. En todos aquellos meses las terapistas habían obtenido logros significativos en la recuperación de la motricidad de Emilio, pero muy pocos a nivel de lenguaje. Aunque no tenía afasia, una secuela muy común en estos casos, y las palabras que usaba se correspondían con los objetos que quería designar, jamás aventuraba una frase. Se limitaba a usar un mínimo de palabras del modo más funcional: a veces extendía su dedo índice y nombraba el objeto que le interesaba; a veces decía dos palabras que, juntas, querían ir más lejos, intentar un sentido más amplio. Jamás pronunciaba el nombre de Ana. Jamás el de Memé. Casi nunca sonreía. Vivía en una especie de apacibilidad distraída que preocupaba a su siquiatra, a su hermana, a Juanpedro.

—Crisálida es una palabra demasiado bonita para una larva… —reflexionó Gabriela—. ¿Usted tiene secretos?

De la garganta de Emilio brotó un sonido espasmódico, forzado: era su risa. Pero no dijo nada más de lo que ya había dicho.

—Nadie puede obligar a otro a que le cuente sus secretos —siguió diciendo Gabriela, en una cháchara que parecía para sí misma—. Yo le voy a contar uno. Un secreto que no es mío, sino de mi mamá. Si yo tuviera talento —añadió—, con esa historia escribiría una novela tan buena, o mejor, que esas que leemos a diario. Y claro, nadie la creería. Y menos ahora, que ya en las novelas no pasa nunca nada.

Emilio, envuelto en su bata de cuadros, permanecía estático, con la cabeza ligeramente inclinada hacia la izquierda, en la posición que mantenía casi siempre.

—Ella se lo contó a una amiga, pero lo había oído de su mamá, mejor dicho de mi abuela. Mi abuela se lo contó al cura de la parroquia, para que la absolviera porque estaba en pecado. Se lo contó en confesión, pero en el despacho del cura, de modo que mi mamá, que tenía unos once años, se quedó haciéndose la que jugaba en el patio, pero de verdad estaba tratando de oír. Y oyó. Como también oí yo desde el cuarto contiguo lo que le contaba a su amiga. Es una historia antigua, de cuando mi abuela tenía catorce años y vivía en el campo con sus hermanos, y con mi bisabuela, que era artrítica y duró media vida en la cama. ¿Le interesa?

Emilio hizo un gesto afirmativo.

—Otilia, que era siete años mayor que mi abuela, se vino a Bogotá a trabajar y al año volvió con un niño recién nacido. Entonces sus tíos la emprendieron con ella, llamándola puta y perdida y la pusieron a hacer los oficios más duros y la humillaban a cada paso. Entonces ella se voló y se vino otra vez para Bogotá y se perdió por dos o tres años. Pero a la finca volvieron a llegar rumores de que estaba embarazada, y sus tíos fueron a buscarla. La encontraron y le dieron una muenda y la devolvieron al campo con la niñita; porque ya había nacido una niñita. Vivían en una finca grande, con ganado y sembrados, yo la alcancé a conocer. Allí todos, mi bisabuela y mis tíos abuelos y mi propia abuela, que tenía catorce años, ya dije, la maltrataron de nuevo, comenzando por mi bisabuela, que la insultaba y se persignaba cuando ella se le acercaba. Entonces Otilia empezó a enloquecerse, y a salir desnuda al camino, y a tratar de ahorcar a mi bisabuela, y a meterse debajo de la cama cuando llegaba gente. Un día, contó mi mamá, mientras los otros estaban en los oficios del jueves santo mató todos los pájaros de la pajarera, que eran recuerdo de mi bisabuelo muerto. Encontraron los pajaritos con los cuellos destrozados, puestos en fila sobre la mesa del comedor. La llevaron al hospital, le dieron droga siquiátrica, le hicieron exorcismo y no valió nada. Entonces decidieron encerrarla. La metieron en una pieza de adobe, a muchos metros de la casa y trancaron la puerta por fuera. Mi abuela era la que le llevaba el almuerzo. Abría la puerta, metía el portacomidas, salía corriendo y volvía a echar candado. Pero Otilia se escapó y se fue al pueblo y entró a media misa y empezó a dar aullidos frente al altar y a decir groserías y maldiciones. Entonces volvieron a encerrarla, pero esa vez la amarraron a la pata del catre. Mi abuela le contó al cura que los gritos de Otilia se oían a leguas y no dejaban dormir a nadie en la casa y alborotaban los animales y creaban malestar entre los vecinos. Entonces el hermano mayor, que era jardinero, el que cuidaba el parque del pueblo, reunió a sus cinco hermanos y decidieron que había que matarla. Y así hicieron. Le dieron un veneno, durante tres días, hasta que se murió. Y la enterraron de noche, cerca del pozo séptico, para que nadie sospechara si bajaban los gallinazos. Mi abuela ayudó a alumbrar con una linterna, y le decía al cura que la perdonara en nombre de Dios, porque tenía miedo de ir al infierno. Que ése era un secreto entre dos, un secreto de confesión.

Gabriela hizo una pausa. Se frotó el cuello con las manos, como quien está muy cansada.

—Después fue un secreto entre tres, porque mi mamá oyó todo el cuento. Y ahora es un secreto entre seis. Lo cual quiere decir que ya no es secreto —se levantó de la silla, bostezando—. De modo que yo soy nieta de asesinos, aunque no lo parezca.

Al volverse, vio a Ana parada en la puerta y le sonrió, sorprendida. Era una hora muy temprana para que ésta estuviera en casa.

—Estábamos charlando —dijo Gabriela, como si Ana estuviera pidiendo alguna explicación.

Ésta la tomó de una mano y la llevó fuera del cuarto, delicadamente.

—¿Te habla?

Gabriela la miraba, apretando las cejas.

—¿Siempre te habla así?

—Es que le da trabajo… —dijo Gabriela, sin entender muy bien el sentido de las preguntas de Ana.

Ana estaba visiblemente impresionada. La culpa, esa bilis verde que nos estraga y nos quita el reposo, había empezado a subir desde su estómago como una creciente: Emilio articulaba con Gabriela palabras que no se dignaba dirigir a los demás.

Un rato después, mientras tomaban un café en el jardín, disfrutando del último sol de la tarde, le preguntó a la muchacha si esa historia horrible que había oído que le contaba a su marido era verdadera.

—La inventé de principio a fin.

—Estás loca —dijo Ana.

Gabriela se rió.

—Es verdadera. De principio a fin. ¿No me cree?

Mientras comían en silencio, Ana observó a Gabriela, que masticaba su pan, abstraída, como si hubiera agotado sus palabras con Emilio, y pensó en por qué antes no había percibido su belleza nevada. El óvalo de su cara era muy firme; su piel, con la frescura traslúcida de las uvas blancas, se avivaba apenas en los lóbulos de las orejas, de un tenue color rosa, dándole un aspecto frágil. Los labios eran llenos y también infantiles, mientras que las pupilas, enormes, tenían el brillo espeso de ciertas piedras, del ámbar negro o la melanita. Desde donde estaba, Ana podía ver también la curva de su largo cuello y en él el leve nimbo del vello y la raíz poderosa del pelo castaño, abundante a pesar de la trasquilada. Mientras la miraba, sentada en el suelo, liviana y arisca como una gacela en reposo, repitió mentalmente su nombre, que ella relacionaba con el sonido de lámparas que se rompen, de hielo agitado entre una jarra de cristal: Gabriela, Gabriela, Gabriela.

Como si sintiera la fuerza de su mirada, la muchacha alzó los ojos y los fijó en los suyos.

—¿Cómo hiciste? —preguntó Ana.
—¿Para qué?
—Para lograr que te hablara.

Detrás de la graciosa vivacidad de sus pupilas, Ana creyó ver el destello de una fuerza grave y oscura, que nada tenía que ver con la inocencia.

—Es un secreto —dijo Gabriela. Y sonrió.

7

De un momento a otro las rutinas de Ana cambiaron: su hiperactividad parecía haberse reventado, como una cuerda que han estirado en exceso, dando paso a una molicie controlada, antes imposible de concebir en ella. Leía la prensa morosamente, hasta que Gabriela abría su puerta y salía con el pelo mojado y los párpados hinchados de tanto dormir. Entonces acompañaba a la muchacha a desayunar y hacía tiempo mientras ésta tomaba su café doble y se fumaba el primer Pielroja del día. Como si súbitamente se hubiera desinteresado de las cosas de la galería, se devolvía a su casa a la hora del almuerzo, con el argumento de que le rendía más trabajar allí. A veces se llevaba con ella a Gabriela y la dejaba en la Biblioteca Nacional o en la Luis Ángel Arango adelantando pequeñas investigaciones. Cuando la recogía la invitaba a tomarse un café o entraban a cine, donde pedían grandes talegos de crispetas. Los días en que regresaba sola a su casa, el aire fresco, la vista de los árboles del camino destellando con la luz blanca de la sabana, hacían que sintiera en su corazón una mezcla de vivacidad gozosa y de miedo.

Como la investigación para la editorial estaba llegando a su fin, Ana le ofreció a Gabriela una remuneración extra por la digitación de sus antiguos textos. Esta estratagema monetaria le produjo una íntima vergüenza, pero no se retractó.

Gabriela, por su parte, se veía por aquellos días ensimismada y misteriosa. Se encerraba temprano, duraba horas enteras sumida en un mutismo áspero e impenetrable, tenía inexplicables accesos de malhumor. Otras veces, sin embargo, entraba al cuarto de Ana, con cualquier pretexto, y terminaba por entregarle un regalito que traía escondido, un dibujo hecho por ella, una piedra de vetas azules que había recogido por la mañana en la quebrada. En ocasiones simplemente se asomaba a la puerta de su estudio —las manos untadas del polvillo multicolor de los pasteles, o a medio vestir, una camiseta sobre los calzoncitos de algodón, y medias de lana— y lanzaba a Ana una sonrisa incomprensible, entre burlona y amable, sin decir una palabra.

Ésta tenía sospechas de que se veía a escondidas con Manuel, pero jamás pudo comprobarlo. El hombre venía ahora más seguido a la casa, con cualquier pretexto, y se demoraba en la cocina, recostado en el marco de la puerta, hablando con Memé de nimiedades, tal vez haciendo tiempo a ver si Gabriela aparecía. Pero la muchacha, o no bajaba, o si bajaba a servirse un café o a encender un cigarrillo en la estufa apenas si lo saludaba, sin ninguna efusividad, volviendo a subir de inmediato, huidiza como una ardilla. Alguna noche Ana oyó que debajo de la ventana de la muchacha alguien silbaba, y su silbido era tan tenue y sostenido que era evidentemente un llamado clandestino. Escrutó la noche tratando de descubrir alguna presencia y aguzó su oído esperando oír los pasitos de Gabriela. Pero su puerta no se abrió, ni ningún otro ruido reveló que estuviera despierta. Al cabo de un rato los silbidos cesaron. Cuando a la mañana siguiente Ana trató de indagarla, preguntándole con discreción si ella los había oído, Gabriela se quedó mirándola con extrañeza. Luego se limitó a negar con la cabeza.

—Cuéntame, Gabriela —le dijo un día, fingiendo despreocupación—, ¿qué es lo qué tanto hablas con Javier, que entre ayer y hoy te ha llamado unas seis veces?

—Si le molesta, le digo a Javier que no me vuelva a llamar.

—Por Dios, qué susceptible estás. Es pura curiosidad. Pero si prefieres, retiro la pregunta. No sea que esté metiéndome en uno de tus secretos.

—Es que estamos planeando un viaje.

—¿Un viaje? —el corazón de Ana empezaba a latirle—. ¿Y a dónde, si puede saberse?

Gabriela le explicó que irían a San Gil y a Barichara.

—Todo tiene que ver con mi papá…

—¿Sí…?

—Nunca le he contado de los últimos días de mi papá. Mejor dicho de los últimos meses. Pero es que casi no puedo hablar de eso. Me resulta muy duro.

—Si no quieres, no me lo cuentes. Tranquila.

—Su historia es también algo macabra, como la que conté la otra tarde. Mi vida está llena de historias macabras.

Ana pensó que la muchacha se daba importancia con aquellos cuentos, o suplía su pobre vida inflando las historias familiares, o tal vez fuera simplemente una mitómana, como ya una vez se le había ocurrido.

—Aunque viéndolo bien —prosiguió la muchacha—, la vida está llena de historias macabras, o trágicas o increíbles. Sé que la gente fina considera esas historias de mal gusto, que todo lo excesivo es melodrama puro. Y que el cine y la literatura les temen a las historias truculentas. Pero la vida está llena de historias truculentas, desmedidas, de mal gusto. Y en este país mucho más.

—Las telenovelas se regodean en ellas, querida.

—No sé por qué a la literatura prestigiosa le ha dado ahora por hablar de lo mínimo, de lo insulso —dijo Gabriela—. ¿No están los dramas de Shakespeare llenos de magnicidios y traiciones y pasiones?

—Todo depende, Gabriela, de cómo se digan las cosas —Ana estaba asombrada del giro tan intelectual que había tomado la charla—. Pasa que a través de lo mínimo también se descubren grandes tragedias. ¿Qué has leído de Shakespeare?

—Mi papá tenía la obra completa, dos tomos de ese papel cebolla, casi transparente. Leí algunas cosas. La obra que más me gusta es *La Tempestad*. Y me gustan los sonetos. ¿Verdad que Shakespeare se enamoró a los veintiocho años de Southampton, que tenía dieciocho?

—Cómo te gustan los chismes, Gabriela. No tengo ni idea, pero tampoco creo que me interese.

—Pues a mí sí. Creo que toda la literatura es autobiográfica. ¿Sabe que pasó con los dos tomos de Shakespeare? ¿Con ellos y con la biblioteca de mi papá? Cuando los médicos se lo llevaron para la clínica de reposo, mi mamá llamó a un librero y le vendió todo sin contarme nada. Debíamos seis meses de arriendo y nos habían cortado el teléfono. Eso argumentó. Que no estaba dispuesta a seguir comiendo mierda. Cuando llegué de la universidad los estantes, que antes estaban repletos, estaban vacíos, saqueados, llenos apenas de polvo y de chinches y papelitos y fotos viejas y recortes. Ni siquiera pude llorar. No pude decir nada. ¿Sabe qué hice? Una cosa bien estúpida: me rapé con las tijeras de la cocina.

Hizo una pausa. Luego añadió:

—Mi mamá es muy bruta.

—Es tu mamá, Gabriela.

—Sí, es mi mamá. No es culpa de ella. Ni mía. Lo que en principio está mal es eso de la procreación.

—¿Y tu papá? Nunca me habías dicho que estuvo en la clínica de reposo.

—Estaba loco desde mucho antes.

—¿Loco de verdad?

—Estaba triste y desesperado. Un día cogió sus excrementos y los untó por todo el cuarto. Después de eso se lo llevaron a la clínica de reposo. Cuando se lo llevaron, hacía ya más de un año que estaba muy mal. No hablaba. Casi no comía. Fumaba, dormía, daba vueltas por el cuarto. En las noches, yo oía sus pisadas horas enteras.

—¿Por qué le pasó eso, Gabriela? ¿Antes era normal?

—Bueno, a su esposa y a sus dos hijos no les debió parecer muy normal que a los cincuenta los abandonara para irse con mi mamá. Ni que dejara el trabajo. Ni que se emborrachara todos los días. Creo que a la gente eso no le parecía normal. Él trabajaba con mi abuelo, un arquitecto de mucho prestigio. Y cuando decidió irse con mi mamá, que tenía veintidós años, y que era casi una criada, todos en su familia le dejaron de hablar. Él se burlaba de él mismo: decía que había trabajado toda la vida para ser el fracasado perfecto y que ni siquiera eso había logrado. Que había nacido yo. Y que nadie que tuviera una hija como yo podía ser un verdadero fracasado. ¿Le cuento un secreto?

—Si tú quieres, Gabriela.

—Es sórdido. Y como de telenovela. Pero es verdad.

Esta aclaración innecesaria le pareció a Ana ligeramente sospechosa. Sólo sonrió.

—Mi mamá le puso los cuernos a mi papá desde que yo tenía tres o cuatro años.

Ana recibió aquella confesión en silencio.

—Ajá.

—Pero eso no es lo grave. Lo grave es que mi papá lo sabía y no decía nada.

Luego sonrió, mientras echaba la ceniza de su Pielroja en el cuenco de su mano derecha.

—Y que yo me daba cuenta de todo.

Ana estaba otra vez atónita con aquellas revelaciones, hechas con la naturalidad inocente de los niños o los salvajes. Pero apenas si enarcó un poco las cejas.

—¡Qué dramonón! ¿No? —Gabriela sonreía, pero era evidente que hacía un esfuerzo por contener sus emociones.

—Qué drama, diría yo. Cuando lo internaron, ¿ibas a verlo?

—Sólo cuando podía. ¿Sabe qué hacía cuando iba a visitarlo? Me pedía que le sacara los piojos. Porque los otros enfermos le habían pegado los piojos. Me la pasaba toda la tarde sacándoselos. Apretándolos entre las uñas. ¿Ha oído chasquear un piojo?

Gabriela hizo esta pregunta y sus ojos se llenaron de lágrimas. Ana puso su mano sobre la de la muchacha.

—¿Murió en el hospital, Gabriela?

—No. Una hermana se hizo cargo de él los dos últimos meses. Una hermana solterona, en San Gil. Allá murió, el veintidós de marzo. De infarto. Nos avisaron tarde. Ya no valía la pena ir. Pero ahora le he dicho a Javier que me lleve en la camioneta.

Las lágrimas corrían ahora libremente hasta sus comisuras. Apretó sus puños contra la boca.

—Tengo un presentimiento.

—¿Un presentimiento?

—Quizá sea sólo un presentimiento.

Las dos callaron por unos minutos. Finalmente Gabriela habló:

—Mi papá era el mejor fracasado del mundo, ¿sabe?

Contuvo el temblor de su voz.

—Y me hace falta.

8

Ana hablaba por teléfono con María José una vez a la semana. Al final de su conversación, invariablemente, le pasaba el auricular a Emilio. La muchacha le decía a su padre unas palabras cariñosas, le contaba novedades de su vida en Viena, le hacía preguntas a las que Emilio contestaba con esforzados sonidos. De resto, Ana y su hija se comunicaban a través de mensajes por el correo electrónico. Mensajes breves y directos, donde el cariño de María José se manifestaba en pequeñas demandas y ofrecimientos: "¿Podrías mandarme la receta de la sopa china que hacía Memé cuando hacía mucho frío?". "¿Puedo contar con tus dólares una semana antes?". "Quiero que conozcas a Manfred. El día en que vengas iremos con él a comernos la mejor *sachertorte* en la Philarmonikerstrasse".

El día en que Ana estuvo ojeando sus viejas fotografías encontró una de la cara de María José, de dieciséis años, con su cabeza rubia rematada por esos gorros aterciopelados de bufón que venden en las tiendas de turistas en ciertas ciudades europeas. Compró un marco sencillo de madera y puso la fotografía encima de su mesa de noche. Cuando apagaba la lámpara, antes de dormirse, lo último que veía eran sus ojitos ligeramente entornados, su sonrisa inmaculada.

Por esos días, comenzaba a extrañar poderosamente a su hija. Ésta había anunciado ya que no vendría para la Navidad —no se justificaba venir por tan poco tiempo como tenía en aquellas vacaciones—, pero que en cambio pasaría con ellos el verano, casi tres meses que le dejaba libres la universidad. María José había sido siempre una muchachita seria y dominante, segura de sí misma y clara en sus determinaciones. Ana recordaba, de vez en cuando, cómo, cuando era todavía una chiquitina, la gente en la calle se admiraba de la gravedad de su porte y de la manera directa en que sus ojos enfrentaban los ojos de los adultos. Quizá porque Emilio le había exigido siempre comportamientos de persona mayor, quizá por temperamento, María José no había mostrado jamás excesos de aquellos comunes en los niños: disciplinada y serena, mostró ya muy pronto inclinación por la música, de modo que a los diez años le habían regalado un piano para que practicara las lecciones que le impartía su maestra. Ensayaba, con disciplina espartana, dos horas diarias. A los diecinueve años, y con ayuda de sus profesores en el Conservatorio, había logrado una beca del gobierno austriaco para continuar sus estudios en Viena. Desde hacía unos meses vivía con Manfred, un joven cinco años mayor que ella, un chelista de su misma escuela. "Nunca me casaré, le había escrito a Ana. Creo que ésa es la mejor forma de echar a perder la felicidad".

María José había venido al mundo sin pedir permiso, mucho antes de lo deseado por Ana, rompiendo las barreras de los imperfectos anticonceptivos. Aquellos meses de espera fueron para su madre tan ambiguos y llenos de contradicciones como el ejercicio posterior de su inexperta maternidad. Ver cómo su cuerpo, que abandonaba apenas sus languideces adolescentes, se hinchaba y deformaba mes a mes, fue para Ana una experiencia poco grata, pero aceptada con el entusiasmo que creaba en ella la expectativa de una novedad. Cuando después de horas de dolorosas contracciones el médico hizo en su sexo una incisión de tres centímetros para que la criatura pudiera salir sin desgarrarla, a Ana se le reveló abruptamente que la naturaleza es brutal e imperfecta. Al día siguiente, cuando vio en el espejo sus senos convertidos en inmensas esferas tirantes atravesadas de finas venas azules, y su vientre flácido y colgante como el de una anciana, lloró tristemente. En realidad tenía miedo. Aquella criaturita de párpados hinchados, con la frente llena de moretones y las manos apretadas, mamaba la leche de su belleza, exprimía su juventud como una esponja, por un cordón invisible le extraía las fuerzas. Lloró ocho días con sus noches. El médico diagnosticó depresión postparto. Ana, en realidad, buscaba afanosamente en sí misma el instinto de la maternidad y no lo encontraba por ninguna parte. Su madre, que había cuidado de sus hijas con dedicación apasionada, se encargó de hacerle ver que la naturaleza le había escamoteado esa tan femenina inclinación. O si no, ¿por qué el tetero siempre estaba más frío o más caliente de lo indicado? ¿Por qué no sabía que la bebé se había llenado ya y la sobrealimentaba hasta hacerla vomitar? ¿Por qué se impacientaba de ese modo cuando lloraba y no encontraba la manera de calmarla? Cuando, con María José en brazos, Ana veía salir a Emilio para el hospital, impecablemente vestido y oliendo a lavanda, sentía que la soga de la maternidad le impedía respirar. Se dijo a sí misma que no tendría otro hijo.

Se reconcilió con su hija cuando ésta se pudo expresar en palabras. Entonces la llenó de caricias, la bañó con ella en la tina, la dejó contemplarla desnuda, pues no quería repetir el inocente error de sus padres. Pero apenas llegó a la adolescencia la muchacha se volvió hosca y silenciosa con ella, celosa de su intimidad y poco comunicativa. Emilio había tratado siempre a María José con una dureza inexplicable, sometiéndola a rigores disciplinarios y haciéndole exigencias que violentaban su infantilidad inocente. Con aquiescencia sorprendente en su temperamento vigoroso, con la misma dependencia temerosa y fascinada de un condenado que se enamora del verdugo, María José se rindió a su autoritarismo. Cuando había altercados entre sus padres, invariablemente tomaba partido por Emilio. A menudo, Ana la sorprendía mirándola con ojos inquisidores. Empezaban apenas a reencontrarse con complicidad femenina en torno a las primeras experiencias amorosas de María José, cuando ésta se marchó a estudiar a Viena. Aquella noche Ana se durmió añorando una larga conversación con su hija, llena de temblorosas y emocionadas confidencias. Despertó poco tiempo después sin una gota de sueño. Miró el reloj despertador: marcaba la una y veintidós. Como la mortificaba dar vueltas desasosegadas, se levantó, y sin encender la luz, se asomó a la ventana. La noche tenía un resplandor violeta que hacía pensar en volcanes o temblores. Desde su altura podía ver, en primer término, el enorme jardín, su profusión agreste que se disolvía en el prado contiguo, estricto como un campo de golf, y el cercado de eucaliptos y sauces que ocultaban la quebrada; más allá estaba la inmensidad de la sabana, su masa ondulada y profunda como un océano de sombra, donde navegaban las cabañitas perdidas de los campesinos y donde los amplios caserones distantes parecían barcos encallados. Permaneció allí un rato, abstraída, sumergida en pensamientos diversos y sin rumbo. Entonces sus ojos divisaron una inquietante presencia en mitad de la noche, una mancha blanca que no supo determinar. Aguzó la mirada tratando de penetrar la incierta penumbra, curiosa, levemente sobresaltada, preguntándose si alucinaba o la engañaban sus sentidos. Entonces descubrió que era una figura humana la que allí se veía, una persona sentada sobre un tronco de espaldas a la casa; con estupefacción, con profundo asombro, reconoció a Gabriela en aquel fantasma que iluminaba el paisaje. A Gabriela, la impredecible y totalmente insensata, que aguantaba el frío inclemente de la madrugada con tan sólo su pijama de algodón.

Bajó envuelta en su bata de noche, descalza. Atravesó el espacio que la separaba de la muchacha, sintiendo primero debajo de sus pies la alfombra mullida, después el frío ladrillo y la grava de la entrada y luego la hierba húmeda y suave. Mientras avanzaba se veía a sí misma caminando sobre el césped, atravesando el retazo de campo envuelta en su bata amarilla, una presencia difusa y móvil entre la noche malva, como si todavía estuviera en la ventana y fuera espectadora de sí misma. Ya a unos pocos metros le impresionó la inmovilidad del cuerpo de Gabriela, que seguía sentada allí como una inmensa muñeca de pasta, y, frenada por una repentina intuición, no pronunció ninguna palabra. Se acercó despacio, hasta que pudo contemplar el rostro de la muchacha, ligeramente alzado hacia la noche, sus ojos semicerrados, sus pupilas fijas y húmedas que sin duda veían un paisaje de sueños distinto a aquel otro paisaje. Comprendió que estaba ante una sonámbula. Se puso en cuclillas, a su lado, y permaneció allí unos minutos, intrigada, contemplando la palidez fosfórea de aquella Ofelia nocturna, y luego, con toda la suavidad que pudo, deslizó su mano a lo largo del brazo desnudo. Algo en el semblante de Gabriela mudó de inmediato. Abrió los ojos pero no dijo nada, como si su mente no lograra todavía volver de sus lejanas visiones. Entonces se puso a temblar, como si el entero frío de la noche la atacara de golpe, y dejó escapar de sus labios un sonido quebrado, un quejido infantil.

Ana la condujo hacia la casa, abrazándola por encima de los hombros, tratando de darle un poco de calor. Le preguntó si quería un Milo caliente: era lo que su mamá le preparaba cuando ella era una niña y, asaltada por pesadillas, no lograba volver a conciliar el sueño. Fueron a la cocina, y mientras hervía la leche Ana trajo un chal para cubrirla. Le preguntó si eso le pasaba con frecuencia. Gabriela explicó que no muy a menudo, pero que una vez su madre la había descubierto sentada en el alféizar de una ventana, con las piernas colgando fuera de ella.

Subieron. Gabriela llevaba entre sus manos el pocillo humeante. A medio camino de la escalera, se detuvo, y esperó unos segundos, silenciosa. Ana supo que iba a pedirle algo.

—¿Le importa si me acuesto con usted?

Ana la miró, desconcertada.

—¿Por qué?

—Tengo miedo —dijo Gabriela.

—¿Miedo? Aquí jamás ha pasado nada. Es dificilísimo que entre un ladrón.

—No es a los ladrones a los que les tengo miedo —aclaró Gabriela, subiendo de nuevo las escaleras—. Es a los fantasmas.

Ana sonrió.

—Los únicos fantasmas que hay aquí son los que hay en tu cabeza. Y en la mía —le sobó el pelo, con ternura—. Pero no seré yo la que permita que te lleven.

Le hizo un espacio en su no muy amplia cama y extendió sobre el cuerpo de Gabriela las pesadas cobijas. Después de que apagó la luz permanecieron un rato en silencio.

—¿No oye ruidos? —dijo en voz baja Gabriela.

—Tranquila. Sólo es el viento.

—¿Puedo pedirle otro favor? —susurró la muchacha.

—Dime.

—¿Quiere firmar un pacto conmigo?

—Claro que sí, Gabriela —dijo Ana. Puso una mano sobre su hombro, sintió la curva elástica de la piel, la firmeza del hueso—. ¿Qué quieres que diga?

—Lo que quiera. Algo que me quite el miedo.

—"Yo, Ana…" —empezó— "… prometo no abandonar a Gabriela… prometo cuidarla y mimarla y defenderla de los fantasmas… de los fantasmas reales y también de los falsos fantasmas…".

Gabriela se fue quedando dormida. Ana, encogida en su rincón, sentía el aliento cálido del cuerpo curvado de la muchacha. Olía ligeramente a sudor, a musgo, a cigarrillo. Una ola ardiente, como aquella que la envolvía en sus tiempos de niña, subió desde sus muslos a su cabeza, y un dulce enervamiento hizo cosquillear su nuca.

Ana habría querido pasar el brazo por encima de la cintura de Gabriela, apoyar la cabeza en su hombro, quizá darle un beso levísimo en el cuello distendido ya y algo húmedo. Pero permaneció allí quieta, oyendo los latidos de su propio corazón, su entrecortada respiración acezante.

9

A la semana siguiente Gabriela le anunció a Ana que se tomaría unos días para hacer el viaje a Barichara, pues Javier había accedido a acompañarla. Se irían el jueves de madrugada para volver el domingo. ¿Sería posible que su primo durmiera el miércoles por la noche en su casa, para ganar tiempo a la mañana siguiente? Ana accedió en medio de un controlado malestar: ese tipejo le producía a la vez desconfianza y antipatía. En sus ojos atigrados, que serían la envidia de los actorzuelos de televisión, adivinaba resentimiento y malicia.

Cuando llegó del trabajo ya el muchacho estaba allí. Memé había dispuesto a los pies de la cama de Gabriela, siguiendo sus sugerencias, una colchoneta, sábanas y gruesas cobijas. Esperaban a Ana para comer. Se sentaron, pues, los tres a la mesa, y Memé les sirvió un humeante plato de verduras chinas y arroz. Javier comía con rapidez, inclinado sobre la comida, escarbando con el tenedor y extendiendo artísticamente en el borde del plato todo aquello que no reconocía o no admitía como comestible. Gabriela, divertida, anotó que Javier era la versión más cercana del buen salvaje, y reforzó su comentario dándole a su primo golpecitos reiterados en la cabeza con su servilleta.

—Lo que la cuna no da Salamanca no lo presta —se burló Gabriela—. Burro.

Javier soportaba la broma sin ofenderse, pero no dudó en revirar. Se rió de las ínfulas de niña bien de Gabriela. Su humor era filoso, irritante.

—Ahora la Gabi se las da de muy refinada y todo sólo porque se codea con los ricos —hablaba para Ana pero tenía los ojos clavados en el plato, y revolvía la comida con el tenedor—. Y porque ahora le aparecieron un montón de primos gomelos de ojitos azules y barbilampiños. Pero no se le olvide, señorita fifí, que hasta hace poco la miraron siempre como a la bastardita de la familia.

Ana, tratando de suavizar la conversación, le preguntó si él también estaba en la Universidad.

—En la de la vida —contestó Javier, como quien dice una originalidad—. Porque si aquí la niña es una bastardita simbólica yo soy un bastardo real. Y a los bastardos no les queda tiempo para pulimentos. Porque de pulimentos no se come.

Era óseo y oscuro, de pómulos altos y labios gruesos, como los de Gabriela. El pelo rizado en tirabuzones caía revuelto sobre sus cejas.

—Él pertenece a una secta satánica —anunció Gabriela.

—Comemos niños —complementó Javier.

—Parece que le gustan más que las verduras —Gabriela señaló el plato, donde se veían los estragos del método selectivo.

Memé trajo el café y Gabriela encendió su Pielroja. Javier echó una mirada a su alrededor.

—¿Cuánto cree usted que están costando estas casas, señora?

—No tanto como usted piensa. Son casas pequeñas.

Javier se levantó de la mesa y se acercó al ventanal. Se quedó allí un rato, en silencio, mirando el jardín. Cuando Ana, distraída, cruzó sus ojos con los de Gabriela, advirtió que ésta la estaba mirando en una forma inquietante, con una mezcla de fija deliberación y aire descuidado. Enrojeció mientras trataba de sostener su mirada. Creyó ver entonces que la muchacha sonreía al ver la perturbación de su semblante, y se sintió súbitamente humillada. Pero a pesar del repentino malestar no se levantó de la mesa. Siguió allí, paralizada por una fuerza superior, diciendo banalidades, contestando las preguntas indiscretas del primo, que se movía por el comedor con una excitación inexplicable. Desde donde estaba, el muchacho alcanzó a ver el esbelto piano de cola de María José y, sin pedir permiso, se abalanzó sobre él con avidez infantil. Se sentó en la banca, lo abrió, y golpeteó las teclas. Ana y Gabriela lo siguieron hasta la sala, atraídas por las notas, y se sentaron como esperando que aquel maestro desatinado comenzara en algún momento una interpretación impecable. Pero Javier, por lo visto un hiperactivo, cerró la tapa del instrumento y, en cuclillas, empezó a husmear los discos compactos. Gabriela se arrastró hasta donde estaba su primo, menuda y rápida como una salamandra. Después de mirar y remirar ella también, escogió uno de Leonard Cohen, y pidió permiso para hacerlo sonar.

Las cancioncillas, livianas, tristísimas, pegajosamente cursis, despertaron en Ana secretas emociones hasta entonces sofocadas. Entonces el muchacho, con gran naturalidad, sacó un puñado de hierba de su mochila y se puso a armar un barillo sobre la tapa del piano. Ana, extrañamente atraída por la situación, permaneció sentada en una poltrona azul, silenciosa, condescendiente. El muchacho encendió el cigarrillo, chupó, se lo pasó a Gabriela. Ésta hizo lo mismo, cerrando los ojos y luego, sosteniéndolo entre el pulgar y el índice, se lo ofreció a Ana. La última vez que ésta había probado marihuana había sido unos pocos meses después de casarse, en compañía de unos antiguos compañeros de universidad, en su propia casa. Cuando Emilió llegó del hospital se encontró con un grupo de seres llenos de hilaridad, que ignoraron olímpicamente su presencia llena de compostura y formalidad. Desde entonces miró a los amigos de su mujer como presencias amenazantes, enemigos en potencia ante los que adoptaba una actitud desdeñosa.

Ana aspiró, y esperó laxamente a que viniera el placer. Poco a poco, como si la efervescencia de su sentimiento no resistiera no salir a la superficie, sus mejillas volvieron a ruborizarse. Todo ahora era grato, lentísimo, como si navegara en un mullido colchón rosa que la condujera a un universo de sensuales exacerbamientos. Entonces sintió que en su pelo se hundían, juguetones, tiernos, perversamente provocadores, los dedos de Gabriela, que había venido a sentarse en el brazo de la silla. Cerró los ojos y dejó que jugara con él, que rascara su cuero cabelludo, que acariciara el borde de su oreja. Abandonada a la caricia, hundió con docilidad su cabeza en el pecho de la muchacha, oyendo cómo la voz edulcorosa cantaba: *I need you, I don't need you...* El mundo era ahora, por una vez, no una máquina caminadora que agotaba todas sus fuerzas, sino un lugar para quedarse por una eternidad.

Una hora más tarde, antes de subir a su cuarto, Ana pasó a la cocina por un vaso de agua. Mientras lo servía tuvo la impresión inequívoca de que alguien clavaba en ella su mirada. Se volvió, y, con un sobresalto que puso a brincar su corazón, vio a Manuel detrás del vidrio de la cocina. El susto dio paso a la rabia. Convencida de que estaba allí, a esas horas inusuales, con el único fin de espiar a Gabriela, decidió enfrentarlo. Salió al jardín. Allí estaba el hombre, sonriente, con una manguera en la mano, rociando las dalias y los pensamientos.

—Es que a esta hora les hace bien el agüita —explicó—. Ya se han desacalorado del bochorno de la tarde.

Ana subió a su cuarto y fue directamente al baño. Se detuvo frente al espejo y contempló sus ojos brillantes, el rostro iluminado, los labios gruesos y resecos. Se tocó la cara, parte a parte, con las yemas de los dedos, como un ciego que buscara reconocerse. Luego se desnudó y permaneció unos minutos frente al reflejo, las manos levantando un poco sus pesados senos. Ya en su cama, tocó su sexo, tibio y húmedo. Entonces un ángel sin alas bajó hasta ella y le hizo el amor lentamente, con delicada y furiosa pasión. Todavía en sueños Ana siguió oyendo la música de su deseo, su dulce gemido hacía ya tanto olvidado, mezclada con las risas lejanas de Javier y Gabriela, descomedidas, sin freno, tan necias como su juventud galopante.

Al día siguiente, Ana pasó por el que alguna vez había sido su pequeño estudio, que desde hacía un tiempo permanecía cerrado. Cuando el amigo que lo ocupara durante años viajó al exterior, Ana decidió conservarlo, sin saber muy bien por qué, y se ofreció incluso a guardar allí todo lo que el viajero no podía llevar consigo. No se arrepintió, porque fue en aquel lugar donde un tiempo después transcurrieron las tardes clandestinas en que, con Martín, se amaron sin prisas ni sobresaltos.

Subió los tres pisos de la modesta casa con una decisión e impaciencia que no se correspondían con la gratuidad de su visita, con la evidente ausencia de objetivos que la había hecho enrumbar hacia allá camino a la galería. La siguieron unos niñitos mugrientos, con las narices llenas de mocos, que se quedaron sentados en el descanso de la escalera jugando con una pelota de caucho y dándole patraditas a la puerta. Ana encendió la luz al entrar, pues aunque eran las diez y el día estaba azul, la penumbra era muy densa, pero comprobó que el bombillo estaba fundido. Esquivando algunos objetos amontonados en el suelo —una alfombra que permanecía enrollada, cajas llenas de frascos, un banco de madera— llegó hasta la ventanita y abrió sus batientes. Diciembre entró con su marejada luminosa haciendo vibrar miles de partículas de polvo y volviendo visible el espacio semidespojado y humilde. En la pared de corcho algunos bocetos abandonados se habían desprendido parcialmente de los chinches y colgaban, amarillentos y veteados; pero todo lo demás se alineaba en el orden inútil de lo que se ha dispuesto que permanezca intocado por no saber muy bien qué hacer con ello. Solamente el polvillo moreno del comején sobre las superficies, y el olor a humedad y a trementina, eran indicio de los muchos meses que nadie había penetrado en el lugar.

Ana recordó su primer encuentro con Martín en aquella casa: habían hecho el amor oyendo el zureo de las palomas que anidaban en el techo, su aleteo torpe, sus arrullos de enfermo, en medio de aquel olor a trementina que los exasperó hasta la náusea, pero que luego, amansado por la poderosa costumbre, habría de sumarse de manera natural a las diversas sensaciones de aquellas tardes exaltadas y dulces. Unas semanas después, al llegar al estudio, Ana se había encontrado en la acera con un reguero de palomas ensangrentadas en medio de un círculo de vecinos horrorizados y de niños con los ojos muy abiertos. Le explicaron que la casera, desesperada con los animales, había hecho colocar clavos en el tejado para que las palomas no pudieran posarse. Las aves inocentes, en cambio, se habían desgarrado, atrapadas instantáneamente, antes de volar heridas de muerte. Ana llamó a la policía, que nunca vino, y a la sociedad protectora de animales, que vino dos días después, pero el daño ya estaba hecho. Las ruidosas palomas, ya menguadas, terminaron por extinguirse.

Cuando, examinando otra vez aquel ámbito, detuvo sus ojos en la vieja poltrona de comino crespo tapizada de paño color salmón, se estremeció, como si en ella se sentara un fantasma. Entonces, para no sucumbir al embate de la nostalgia, se dio al inventario del material conservado allí durante todo ese tiempo —lienzos, pinturas, pinceles—, evaluó su estado y su utilidad, tomó nota y volvió a salir, con la sensación de que algo estaba comenzando en su vida, tierno y duro a la vez, como un ternero recién parido.

El sábado por la mañana regresó, con los brazos cargados. Conectó la grabadora, y tal vez para tranquilizarse, puso a sonar las Variaciones Goldberg. Luego procedió, con aquella energía que salía de ella cuando se trataba de emprender tareas nimias, a reubicar todos los objetos, buscando la disposición más práctica y eficaz. Por último, dispuso en un viejo jarrón de cristal ambarino un manojo de flores blancas. Entonces no supo ya qué hacer, de modo que se sentó en la poltrona, y permaneció allí unos quince minutos, con los ojos cerrados y la cabeza echada hacia atrás. Cualquiera que la observara pensaría que estaba dormida, o que había muerto en medio del sueño, tan quieta se veía en su cielo rosado.

Entonces se levantó parsimoniosamente, se puso el delantal que le servía de vez en cuando en las labores de jardinería, y empezó a disponer los colores en la paleta. Mezcló los tonos con morosa deliberación, como dándose tiempo, buscando aquellos que estaban ya fijados de antemano en su cerebro. Enseguida se paró frente al caballete, y estuvo unos minutos absorta, como un jugador frente a su abanico de cartas; después dio las primeras pinceladas en el lienzo: fueron trazos cortos de un violeta que a veces se hacía añil, a veces granate, vacilantes primero, vigorosos y rápidos después, brochazos nerviosos que con ciertos movimientos de la mano perseguían encontrar unas texturas, tal vez las mismas de sus emociones finales, confusas, ambiguas, espasmódicas. Primero pareció que aquel ejercicio fuera puramente epidérmico, formal, baladí como la musiquita del carro de helados que se colaba por la ventana. Pero Ana no tardó mucho en sumergirse en sus propias aguas, fascinada y aterrada y dispuesta a ahogarse, pues si no la asfixiaba el esfuerzo lo haría la marea de sus preguntas, el sobresalto sin tregua que había devuelto el insomnio a sus últimas noches. Cuando salió, la luz del atardecer alargaba la sombra nostálgica de los árboles. Estaba exhausta y hambrienta, excitada, deseosa de dar unos pasos de baile, o de embriagarse, tal vez, o quizá simplemente de soñar dulces sueños.

—Cuando llegue Gabriela —pensó—, le contaré que he vuelto a pintar.

Pero ni el lunes, ni el martes, ni tampoco el miércoles, regresó Gabriela de su viaje. Ana, sucesivamente, se irritó, se preocupó, pensó en un accidente, en la guerrilla, en los paramilitares, llamó a la casa de su madre, que no estaba nunca, suspiró, se desesperó, maldijo, se preguntó qué significaba su impaciencia, y se entregó, por dos minutos y medio, a un inexplicable ataque de llanto. El miércoles por la noche, atacada por una intuición insoportable, y reprochándose su falta de imaginación, corrió hasta el cuarto de la muchacha esperando encontrar la mesita desnuda y los cajones vacíos. Pero allí estaban las poquísimas prendas de Gabriela convertidas en un amasijo, en medio de libros, pasteles, toallas higiénicas y revistas viejas. Eso la apaciguó un tanto, pues reflexionó que no había sido vulgarmente engañada por la muchacha, incapaz tal vez de decir que no volvería. Pero a medida que el tiempo pasaba, una decisión se abrió paso en ella: prescindiría de sus servicios, puesto que éstos ya eran pocos, si se tenía en cuenta que su trabajo para la editorial estaba prácticamente terminado y lo demás eran embelecos suyos de última hora, cosas que podían esperar o a lo mejor indignas de ser sacadas a la luz. En cuanto a Emilio, ya se las arreglaría en aquellos tiempos de transición que son siempre las navidades; comenzando el nuevo año apelaría otra vez a una enfermera, o a cualquiera, en todo caso, menos perturbador que esta niñita de piel transparente y extrañas costumbres. Con esa convicción se acostó el jueves, enojada ya por la tardanza inexplicable de Gabriela, imaginando el mesurado discurso que le endilgaría cuando la viera, y en el que habría palabras como delicadeza, responsabilidad, respeto y punto final. A medianoche, media hora después de haberse dormido, se despertó con dificultad de respirar y una sensación atroz de que corría peligro. Recostada en las almohadas, con la luz de la lámpara encendida, trató de reflexionar sobre lo que le estaba pasando. Notó que estaba bañada en sudor. Pensó que tal vez serían los síntomas de un ataque mortal, de un infarto o una congestión pulmonar, y tuvo miedo de no salir con vida de aquel trance. Pero transcurrían los minutos y nada adicional sucedía, ni vértigo, ni dolor de cabeza, ni la parálisis súbita de algún miembro, ni siquiera una irrupción de sanos pedos o uno de sus súbitos ataques de náuseas. Todo parecía normal en el silencio de la habitación salvo el alocado golpeteo de su corazón, el deseo de pedir auxilio, o de morir de inmediato, y un cosquilleo en la punta de los dedos.

—Sólo es miedo —pensó. Y trató de relajarse, de recordar las remotas lecciones del curso sicoprofiláctico.

Añoró la misericordia de su dios infantil, que hace tanto le había vuelto la espalda, y los brazos de aquel hombre baldado, viejo y débil que soñaba a unos metros de distancia. Y más aquellos otros, que algún día la acogieron como a un animalito aterido para luego devolverla a la intemperie. Deseó odiar pero no pudo. Y ya no sabía rezar. Así que permaneció sentada, con los ojos muy abiertos, esperando ver pasar a la muerte con sus manos de zarza, hasta que una sombra cansada rindió sus párpados obstinados.

Entonces Gabriela entró, sigilosa, aprovechando que la puerta estaba abierta. Venía vestida de negro, estaba descalza y tenía una corona de flores en la cabeza, de extrañas flores salvajes, encendidas y mórbidas. Se veía tranquila, ni triste, ni contenta, tan serena y dulce como una santa que va al martirio. Se sacó por los pies la burda bata enlutada y quedó desnuda. A Ana aquel cuerpo moreno le resultaba conocido, pero tenía la impresión de que no era el menudo y grácil de Gabriela. Lo miraba como hechizada, sabiendo que había algo allí que no comprendía, un dato que se le escamoteaba. Como si quisiera constatar de nuevo que era ella la que entraba a su noche como un saqueador, levantó su mirada hasta su cara. Entonces no vio la de Gabriela sino la suya, pero la de mucho antes, cuando tenía veinte años y una larga trenza castaña. Pero ahora la cabeza de Ana, rapada, estaba llena de granos purulentos, puntos inflamados que destilaban una horrible sustancia viscosa.

Cuando salió de su cuarto eran casi las diez de la mañana y Gabriela estaba en la cocina, tratando de pegar con Pegadit la suela de uno de sus zapatos. La muchacha alzó la cabeza y sonrió, con naturalidad familiar, como si nunca se hubiera ido de viaje. El resplandor lechoso de su piel había desaparecido: ahora era una adolescente tostada, una niñita toda miel y canela entre su camiseta blanca. Ana se oyó saludar con una voz sorprendida, acogedora y curiosa, que salía de una parte suya totalmente imprevista. De inmediato, sin embargo, reaccionó y optó por una razonable frialdad. No preguntó, pues, por las razones del incumplimiento.

—¿Cómo te fue?

—Es una larga historia —contestó Gabriela, muy seria, tratando de despegar sus dedos, que habían quedado adheridos con el pegante.

—Lástima. No tengo tiempo ahora de oír historias, ni largas ni cortas. Memé, prepárame el desayuno que salgo en veinte minutos.

Subió, abrió el agua caliente, y tomó un baño corto, disfrutándolo, tratando de no pensar en nada.

Esa noche Ana llegó más tarde que de costumbre y se encontró con que Gabriela estaba encerrada en su cuarto. Dos horas después, cuando se disponía a acostarse, oyó ruidos extraños en su habitación: objetos que caían, un quejido, tos, el agua del lavamanos que no cesaba de sonar. Estuvo un momento escuchando, extrañada, hasta que el silencio volvió a hacerse en la casa. Entonces oyó unos golpecitos a su puerta. Cuando abrió vio algo lamentable: Gabriela, vestida con un áspero camisón de dulceabrigo, estaba allí parada, muy pálida, con los ojos extrañamente brillantes y enajenados, con signos de haber estado llorando, pero con una sonrisa beatífica, como la que deben tener los niños muertos antes de subir al cielo. Ana iba a preguntar qué pasa cuando la muchacha cayó al suelo, desmayada. Mientras la arrastraba hasta el sofá se dio cuenta de que tenía una herida en el pie que sangraba de manera suficiente como para dejar un rastro en la alfombra. La examinó. Nada grave: una herida pequeña y profunda, una incisión transversal en la planta del pie derecho. A menos que Gabriela fuera de un nerviosismo extremo, la magnitud del accidente no justificaba, sin duda, aquella repentina pérdida del sentido. Pero ya la muchacha volvía en sí, silenciosa, tal vez apenada, porque metía la cabeza en el almohadón del sofá. Entonces un hálito repentino le reveló a Ana que Gabriela estaba borracha.

  Asombrada, sintiendo cómo crecía en ella el enojo, fue hasta su clóset y constató que su botella de whisky estaba casi vacía. Luego fue al cuarto de Gabriela, y se encontró con un revoltijo de objetos digno de un campamento de gitanos: en una maleta abierta se veían algunas prendas masculinas, libros, un estuche de plumas metálicas, zapatos. Sobre la cama había un cuaderno de tapa de cuero, un vaso a medio llenar, un cenicero, una boina azul que Ana jamás le había visto antes. Contempló los estragos de última hora con verdadero estupor: al levantarse de la cama, Gabriela probablemente había tropezado con el cordón de la lámpara, que estaba ahora desparramada por el suelo, el cuerpo por un lado y la caperuza por otro, abollada sin remedio; la esfera de cristal que contenía la ardilla se había roto, gracias, tal vez, al designio de una divinidad encargada, de tanto en tanto, de hacer que sobre la tierra no prevalezca enteramente el mal gusto y la nieve de icopor se había desparramado sobre la alfombra. Era sobre uno de sus filosos cristales que Ana había apoyado el pie, hiriéndose. Tratando sin duda de parar la sangre lo había envuelto en una toalla, no sin antes dejar un reguero por toda la habitación y en las losas del baño y un montón de huellas oscuras sobre el lavamanos que con tanta fruición restregaba todas las mañanas la abnegada Memé. En fin, un estropicio de tal magnitud a los ojos de alguien tan sistemático y con manía del orden como Ana, que ésta sólo atinó a hacer un gesto desconsolado antes de volver a su habitación.

Gabriela seguía allí sentada, con la pierna extendida y los ojos clavados en un punto fijo. Algo de color había vuelto a sus mejillas y sus labios, y era evidente que la angustia había desvanecido súbitamente la borrachera; por el modo en que sus manos jugaban nerviosamente con la camisola, habríase dicho que se trataba de un adolescente subnormal a las puertas de un hospicio.

El desvanecimiento, pensó Ana, había obedecido, sin duda, a un ataque de lipotimia, por haberse tomado media botella con el estómago vacío. Tuvo el impulso de sacudirla e increparla, no sólo por esculcar entre sus cosas y emborracharse, sino por no haber avisado que se demoraba, por haber escogido como acompañante a ese muchacho libidinoso y procaz, por haber seguido para la costa, como ya le había contado Memé y como atestiguaban sus pantorrillas doradas y el resplandor ambarino de sus mejillas, y por sus propios días y noches, llenos ahora de poderosos sobresaltos e incertidumbres, pero en cambio se arrodilló a su lado y volvió a examinarle la herida. Le hizo una curación cuidadosa, asegurándose de echarle el Isodine suficiente para hacerla gemir, y luego cubrió la herida con gasa y esparadrapo. No dijeron una sola palabra, ni se miraron en ningún momento a los ojos. De pronto Gabriela empezó a temblar, quizá porque hacía frío, quizá porque el guayabo empezaba a hacer sus estragos. Ana le ordenó con voz firme que se fuera a acostar. La acompañó a su cuarto, recogió los destrozos, limpió como pudo los rastros de sangre y restituyó a medias el orden mientras Gabriela, sentada al borde de la cama, se miraba las puntas de los pies. Antes de salir Ana la tomó del mentón, le levantó la cara y la miró fijamente, poseída por una ira que no tenía proporción con los hechos.

—No voy a aguantar tus desmanes, niñita malcriada. Óyelo bien. Mañana mismo...

Entonces vio los ojos de Gabriela, tan tristes como un barco con la bandera de la peste que no puede acercarse a su orilla. La culpa la devolvió de la rabia en que se había acorazado. La muchacha se abandonaba ya al llanto, inconsolable. Conmovida, Ana le acarició la frente.

—Cuéntamelo.

Gabriela no podía hablar, ahogada por los sollozos.

—¿Se cumplió... tu presentimiento?

Ella hizo un gesto afirmativo.

—¡Ay, niña mía! —Ana la abrazó con temblorosa emoción, acarició su cabeza recostada en su hombro. Allí permaneció Gabriela unos minutos, llorando con abierto desconsuelo. Cuando se incorporó, había recuperado la serenidad. Se miraron. En las pestañas de la muchacha las lágrimas brillaban como escarcha navideña. Entonces tomó las manos de Ana e hizo que acariciara su rostro, ruborizado por el llanto. Ana se estremeció, turbada. Quizá para disimular su embarazo, las pertubaciones de su corazón, besó a la muchacha en los párpados, dulcemente, suavemente, con la misma delicada ternura con que se pone una compresa en la herida de alguien que amamos.

11

Mientras manejaba rumbo a la galería Ana sintió que necesitaba vaciar en palabras sus dudas e incertidumbres, así que llamó a Malena y le pidió que la oyera. Esa misma noche fue a su apartamento. Cuando trató de explicarse, sin embargo, se vio a sí misma dando rodeos, hablando en perífrasis, adelantándose a objeciones no puestas, enredada en un galimatías de absurdas explicaciones. Malena la miró con una sonrisa condescendiente.

—Desde hace treinta años somos amigas, lo sé todo de ti con profusión de detalles, me anuncias que te están pasando cosas tremendas y ahora resulta que tienes miedo de soltarlas —su mirada se hizo maliciosa—. Ya sé.

Ana intentó decir algo, pero Malena la detuvo con la mano.

—Déjame adivinar. Es demasiado joven… y te sientes culpable.

Asintió levemente con la cabeza: la emoción le impedía hablar. Malena le pasó la mano por detrás de los hombros y se acercó a su amiga hasta que sus cabezas se unieron.

—¿Es amor?

Ana se abandonó al llanto. Había sacado su paquete de kleenex y se limpiaba ahora las lágrimas inconsolables. Malena le pasó el rollo de scott cocina, y la animó a llorar y a confesarse.

—Es ridículo, de verdad que es ridículo —repetía Ana, y Malena no supo si se refería al objeto de sus amores, a la naturaleza de sus sentimientos o a aquella patética escena.

Sirvió dos copitas de vino y le pasó una a Ana.

—¿Es un adolescente de frenillo y barros en la barbilla? —bromeó.

Ana bebió su vino de un trago.

—No hay nada qué hacer —anticipó, desconsolada.

—Depende. Algo podrá hacerse, sobre todo si se tiene en cuenta que, como dice el poeta, sólo en el corazón pasan las cosas.

Cuando salió de donde Malena, Ana se había sosegado. La conversación con su amiga, en vez de alivianarla, le había otorgado un peso, el que se desprende de la realidad asumida, de modo que una gozosa plenitud la conectaba ahora al mundo, que otra vez le parecía un agua que podía ser bebida.

Entró a su casa anhelando la soledad de su cuarto, pero, como siempre, fue al de Emilio a echar un vistazo. Su marido dormía con la televisión encendida. Cuando Ana la apagó, abrió los ojos y al reconocer a su mujer ensayó unas palabras, que resultaron ininteligibles. Ana se sentó al borde de la cama y encendió la luz de la mesa de noche. Allí encima reposaba, marcadas sus páginas con un señalador, el libro que Gabriela le había estado leyendo en las últimas semanas. Era un libro de Oliver Sacks sobre el extraño caso de unas comunidades del Pacífico Sur que sólo ven en blanco y negro.

—¿Cómo? —preguntó Ana, agachándose, hasta que su cara quedó frente a la de su marido. Lo miraba con la misma atención con que se mira a un extranjero cuya jeringonza queremos descifrar. En sus ojos pudo leer una expresión de congoja.

Emilio buscaba en su mente nebulosa y movía los labios sin que saliera de ellos ningún sonido. Su lengua, torpe y húmeda, se revolvía en su boca como un animalito desesperado. Finalmente, una sola palabra salió de ella con la fuerza de un esputo:

—Gabriela.

Ana guardó silencio unos momentos, todavía mirándolo a los ojos. Emilio hizo un gesto de negación con la cabeza. La mirada de Ana buscó entonces, mecánicamente, la puerta de la habitación de la muchacha. Estaba entreabierta pero la luz estaba apagada. Volvió a mirar a su marido, con aire de desconcierto, mientras una certidumbre crecía en su cerebro como un pequeño globo que se va llenando de aire.

—Se fue —dijo Emilio.

El globito estalló en la mente de Ana y la cegó por unos minutos.

—No, Gabriela llegó ayer —explicó, confundida ella misma por la confusión del marido, pero sin poder controlar el sobresalto de su pecho.

Entonces atravesó los dos metros que la separaban de la habitación de la muchacha y desde el umbral abarcó de un solo golpe la desnudez de sus paredes, la desolación de la cama y el brillo impecable de la mesita de noche súbitamente despojada. Fue como si el vacío de aquella habitación sorbiera sus entrañas y por unos momentos la convirtiera en un cascarón abandonado. Volvió sus ojos hacia Emilio, esperando encontrar la explicación que necesitaba. Pero la enfermedad había cambiado hacía mucho las líneas expresivas del rostro de su marido por otras fijas, endurecidas, las de la triste máscara de un rey derrotado o un mimo trágico.

—¿Por qué? ¿Se peleó contigo? Algo le hiciste. ¡Háblame! ¡Tú puedes hablar, yo lo sé, te he oído!

Era una mujer desesperada la que bajaba ahora a zancadas las escaleras y tocaba a la puerta de Memé sin reparar en la hora. La criada explicó que Gabriela se había ido al mediodía.

—¿Para dónde? —preguntó a Memé.

—Como si con ella pudiera saberse —contestó la criada, moviendo la cabeza con gesto escéptico—. El caso es que se llevó maletas y todo.

—¿Maletas?

—El maletín, señora Anita, y los bártulos esos de pintura.

—¿Y qué dijo? ¿Qué razón dejó?

—Ninguna. Que más tarde llamaba. Y que se llevaba a Nácar. Gracias a Dios.

Ana sintió que le empezaba a doler la cabeza. "No puede ser", repetía incrédula, parada frente al cuarto de Memé y todavía con la cartera puesta.

—¿Se peleó con Emilio?

—No que yo sepa. Le leyó toda la mañana. Como a las doce la llamaron. Y a la una ya se había ido.

—¿Y por qué no me llamaste, Memé?

Memé abrió los ojos con estupefacción.

—Como la señora Anita me ha dicho que no la moleste en la galería sino por cosas urgentes… Y pues esto de urgente no parecía tener nada… Para lo que hay que hacer con el doctor basto yo y me sobro… Ahora, que yo me la veía venir. Porque qué niña tan rara…

—Déjate de dártelas de adivina que apenas si llegas a pájaro de mal agüero…

Cuando un rato después Ana, ensimismada, se sentó al borde de la cama para zafarse los zapatos, reparó en un extraño objeto sobre su almohada: era un cuaderno de formato muy amplio, anillado, en cuya tapa negra alguien había pegado la imagen de un ojo; un ojo entrecerrado, rodeado de densas pestañas, que bien podía ser también una perversa vagina entreabierta o un ciempiés repugnante. Poco a poco fue pasando sus páginas, primero ganada por la intriga, luego por el desconcierto, finalmente sorprendida y perturbada por lo que allí veía. Cada una de las hojas de papel había sido pintada con trazos ásperos, poderosos, agresivos. Algunas contenían tan sólo el color diseminado, repartido en la página con una fuerza tan contundente y expresiva que hacía pensar en los mundos alucinados de los niños o los locos: estas manchas granate semejaban el vasto mar de un continente enfermo; y estas otras, magenta y rosado, estallando del centro a la periferia, una explosión sangrienta, un parto, un crimen. En muchas había dibujos, trozos de fotografías adheridas con goma, papeles que se desdoblaban con formas sugestivas, todo amalgamado en un complejo collage acompañado de texto, la pequeña letra de Gabriela desplegándose en el papel, torcida, patoja, caprichosa, incendiaria, amarga, reveladora. Y en todas, en uno de sus extremos, como asomada por una imaginaria ventana, la cara multiplicada de la misma niñita de mirada atónita y tremendamente grave para sus siete posibles años. Nada en aquel cuaderno era explícito, nada era anécdota ni confesión, pero allí se contaba una historia, y existían un padre y una madre y un feto en una botella y el agua simbólica de muchos naufragios, y el pico rapaz del miedo amenazando, y la muerte como una invitada sin ojos y una cuerda con un nudo y una niña mirando hacia su adentro con una lucidez aterradora. Aquello no era el regalo de alguien que se marcha sin avisar y deja algo cariñoso a modo de disculpa: era una despedida tan llena de intensidad y dramatismo como la que puede contener la carta de un suicida.

Con el cuaderno en la mano, Ana fue, de puntillas, hasta el cuarto de Gabriela y encendió la lámpara. Todo estaba impecable: la cama tendida con pulcritud, el baño perfectamente aseado, los libros de la repisa ordenados de una manera nueva. A primera vista, ningún rastro visible de Gabriela: ni la fotografía del marco de papel maché, ni una media olvidada, ni un zapato, ni un lápiz, ni un pincel, ni su cepillo de dientes sobre el lavamanos. Doblado, eso sí, con evidente esmero, sobre una de las repisas del clóset desocupado, el pequeño suéter gris que Ana le regalara y a su lado los restos de la rota esfera con su ardilla y su árbol de plástico y su letrero "mon chérie". "Qué grosería", pensó Ana, hundiendo maquinalmente su cara en aquel suéter.

Como un niño al que los adultos han abandonado dejándole un juguete a manera de consuelo, dio cuerda a ese objeto perturbador. Una de esas melodías conocidas que el abuso ha gastado de forma inclemente se alzó con timidez en la noche callada. La llavecita metálica se devolvía, temblorosa. Ana fue hasta la cama de Gabriela y se acostó en ella. Se quedó allí, mirando el cielo raso, en el que la luz de la lámpara marcaba círculos concéntricos, percibiendo el olor del cigarrillo que aún guardaba la almohada, con el cuaderno abrazado sobre el pecho, como una monja recién muerta que reposara con una lápida sobre su cuerpo, hasta mucho después de que la cuerda diera la última vuelta.

IV. Como un resplandor

1

Los diciembres son tan empalagosos como un helado de fresa, y como los helados de fresa nos devuelven a la infancia y despiertan los fantasmas que han estado durmiendo todo el año. Ana los vivía con ambigüedad, perdida entre una confusión de sentimientos: la irritaban su cursilería sin límites y el exhibicionismo de su alegría de pacotilla, y se emocionaba con el olor del musgo y con los platos de la cena de Navidad, que le hacían añorar a su madre, sentir nostalgia de su cariño, manifestado en aquellas fechas con tortas y postres y salsas exquisitas. Regalar era para ella una pasión a la que dedicaba su energía y su dinero: compraba un perfume para su secretaria, pero si dos almacenes más adelante veía la cartera de cuero que reemplazaría su modesto y gastado bolso de tela, no lo pensaba dos veces y la hacía envolver en papel de regalo. En aquellos días, sin embargo, un egoísmo sin consideraciones se había apoderado de ella. Indiferente a las demandas de la época, sabiendo que era una verdadera insensata, decretó vacaciones en la galería, abandonó a sus amigos y se despreocupó totalmente de Emilio, mintiendo a Memé y descargando en ella toda la responsabilidad. Todas las mañanas se iba a su estudio y pintaba durante horas, concentrada como un piloto ante su tablero, segura de que por ahora ésa era su única ruta posible y tratando de eludir los agujeros negros de la desesperación.

¿Llamaría Gabriela? Bogotá vibraba debajo de un cielo azul, duro como una lámina de baquelita. Un chorrito húmedo se deslizaba a mediodía entre los senos de las jóvenes señoras que en sus automóviles cargaban serpentinas y velitas, para novenas a las que nunca llegarían sus maridos o a las que llegarían borrachos. Convencida del poder de los lugares, creyendo en la falacia de que las penas se acaban con un cambio de paisaje, Ana eludía las calles y las cafeterías y los parques donde alguna vez esperó sin desesperar o quiso echar raíces. Como en los meses delirantes de su amor por Martín, inundada por una enervada capacidad de ver lo que antes jamás viera a su alrededor, Ana descubría con extraño desasosiego la belleza de lo pequeño y lo trivial, con dolorida sorpresa: las nervaduras de la madera en la que apoyaba su mano, la cajita de embolar color cereza, el reverso de una hoja que recogía del suelo. Esa lucidez momentánea, similar a la de los lunáticos o los drogados, no era para ella una gracia, sino una condena. En esos retazos de realidad ponía su conciencia por momentos, como quien descarga una taza que le quema los dedos, pero luego volvía a la densa masa de preguntas siempre en movimiento, al tibio caldo de conjeturas del que emergían, con cada oleada, los vestigios ruinosos de sus anteriores naufragios. Si alguien hubiera arrimado en aquellos días su oído a su pecho desasosegado, habría podido oír un crujido de hojas secas ardiendo bajo el fuego.

Ana empezaba a no soportar su sensibilidad de papel de seda, la mórbida tristeza que no la abandonaba y que hacía que la más baladí de las escenas encharcara de repente sus ojos. Tendría qué hacer algo. Cavilaba frente al timón, detenida ante la luz del semáforo, cuando divisó, unos metros más adelante, las rojas latas de una vieja Land Rover, tan maltrecha y escandalosa como una decadente actriz porno. El corazón le dio un salto cuando creyó ver dos cabezas en la cabina, una de ellas llena de rizos enmarañados. Una vez la luz verde dio vía a los carros, Ana se debatió por alcanzarla, pero la Land Rover había tomado ya la delantera después de arrancar con corcoveos que se le hicieron conocidos, y había doblado por la esquina siguiente. Sin otra alternativa, avanzó una cuadra más y volteó también ella, tratando de devolverse, temblorosa y decidida, acelerando y frenando para evitar la marejada de automóviles que amenazaba con cerrarle el paso. Allá, cien metros más adelante, vio el destello esperanzador que avanzaba hacia la carrera trece, haciendo eses entre los buses y busetas, y trató también ella de maniobrar a toda prisa para alcanzar su objetivo. Pero en ese momento, en el ángulo formado por el automóvil que antecedía el suyo y la esquina, se coló, morosa y triunfante, una zorra harapienta manejada por un cochero impasible, con su carga de chatarra sobre la que jugaban dos niños. No hubo nada que hacer. El último vestigio de la Land Rover desapareció entre la soñolienta masa vehicular, y Ana debió resignarse a desandar el camino, no sin antes dar una vuelta totalmente absurda que la hizo llegar veinte minutos tardes al aeropuerto, a recoger a su hermana y a su bulliciosa familia, que se encargarían, no había duda, de devolverla a la realidad de un solo golpe.

¿O llamaría ella a esa niñita turbulenta que se iba sin despedirse, sin dejar una nota, sin reclamar el dinero de su trabajo? ¿Quizá habría enfermado su madre, y Gabriela debía asistirla en un hospital de mala muerte, pasando trabajos? Aquellas imaginaciones suyas se parecían demasiado a las historias de Edmundo de Amicis para ser verdaderas. Quizá estuviera ahora de juerga permanente con aquel primo patán y resentido, o de amante y mantenida de ese Larry con el que fantaseaba. Estos pensamientos fugaces pasaban veloces por la mente de Ana, garantizando que siempre estuviera distraída. Su hermana, condolida por lo que supuso eran demasiadas tensiones y responsabilidades, se dedicó a mimarla. La abrumó con regalos, la invitó a restaurantes, se debatió por llevarla a las reuniones de familia y pasó largos ratos en su casa, ayudándole en el cuidado de Emilio y contándole de las muchas y maravillosas experiencias de su vida en Bratislava. Como esposa de un funcionario internacional disfrutaba de oportunidades y dinero y se sentía complacida con su suerte. Ana se dejó querer y permitió que afloraran en ella la ternura y el afecto que siempre había sentido por aquella hermana dulce y servicial, dueña de una tolerancia y una capacidad de comprensión que ella no poseía, pero no habló jamás de sus vicisitudes interiores. Sentía que la confidencia de aquellos agitados sentimientos suyos de los últimos años sólo producirían en su hermana una dolorosa estupefacción.

El día de Navidad, en la intimidad de su casa, y entre regalos comprados a última hora y comida encargada, Ana se unió, con sonrisa intachable, a la alegría general. Ayudó a elevar globos, bailó con los ojos cerrados, dio besos con euforia desconocida, agradeció con cariño genuino los regalos absurdos e inservibles, se mostró solícita con un Emilio tan resquebrajado y frágil como las entretelas de su alma, y contempló el cielo rayado de voladores y fuegos artificiales sin derramar una lágrima. Cuando sus viejas tías y sus primos y su hermana con su colorida familia se disponían a marcharse, Ana se levantó para despedirlos. Había bebido mucho, pero en vez de lucir demacrada tenía una belleza nueva, una palidez de santa que hacía dramáticos sus ojos oscuros, y acentuaba su nariz perfilada. Se sentía moralmente satisfecha de haber podido sortear aquella noche llena de presencias lejanas, cariñosas y en general desprovistas de interés, sin claudicar ni un momento y armada de toda su simpatía. Pero, uf, ya estaba bien. Con una parte de su mente vio su cama destendida, y alcanzó a sentir el frío maravilloso de sus sábanas. Con la otra, vio, como en una vieja fotografía de familia, los quince rostros de caras amables que sonreían, y luego miraban desconcertados, y finalmente desaparecían detrás de una bruma insoportable que pronto fue oscuridad y silencio. Sus discretos parientes, cargados de paquetes, agradecidos por la generosidad de una anfitriona a la que veían tan de vez en cuando, no alcanzaron a moverse ni un ápice: Ana, borracha como un pavo antes del sacrificio, dio dos pasos y se desplomó.

Al día siguiente, con la dignidad llena de agujeros, se encontró con la intranquilidad de su hermana.

—No soy tan boba como para no intuir que no estás, precisamente, en una fase de equilibrio. Cuéntame si tienes problemas diferentes a la enfermedad de Emilio. ¿Acaso afugias económicas? Ya sabes que cuentas conmigo. Con nosotros —se corrigió.

Pero Ana disolvió sus preocupaciones en bromas amables. Lo único que la inquietaba y confió a su hermana fue el repentino retroceso de su marido en la superación de su enfermedad. Se veía abatido, sin ánimos, abandonado a las señas, malhumorado. Los médicos decían, sin embargo, que estos bajones de ánimo eran previsibles y no incidían de manera definitiva en su salud, siempre y cuando no pasaran de un límite. Ella creía, sin embargo, que se estaba acercando peligrosamente al borde.

—¿Qué sería bueno?

Ana pensó, sin vacilación: "la muerte". Pero dijo a su hermana:

—Perseverar.

Sentadas una junto a la otra era notorio su parecido: la cara de la hermana era más fina, sin embargo, y también más equilibrada, más fría, la de una de esas mujeres de Vermeer que nada teme y nada espera en la apacible quietud de su casa. Las dos tenían la espalda muy recta, tal y como les había aconsejado la madre, y unas manos expresivas, pero en los ojos de Ana no había exactamente transparencia, como en los de la hermana, sino la fiebre turbia de los seres apasionados. Estaban en la terraza, viendo jugar a los niños, a salvo de la luz del mediodía, que en la sabana es nostálgica aun en los momentos más rotundos. Ana miró a su hermana, lejana desde hacía tantos años, y sintió que iba a sucumbir al sentimentalismo. "Es el guayabo", pensó, "estoy blandita como un queso fresco". Quería tomarla de la mano, reunir las palabras para hablar de lo perdido, nombrar las verdaderas infelicidades, tan menudas, múltiples y cotidianas como esas nomeolvides de la matera de barro, pero sólo pudo decir, mirando los niños:

—Están preciosos. Qué bueno que viven en un país sin miedo.

Cuando, ocho días después, volvió de despedir a aquella familia feliz —dos soles con cuatro amorosos satélites, radiantes en sus órbitas perfectas—, se derrumbó, colmada de cariño, como un saco lleno de cartas navideñas, exhausta de sonreír y de ser buena.

¿Llamaría a Gabriela? No, no llamaría. Controlaría esa fantasía loca, no haría el ridículo balbuceando incoherencias en el teléfono y exponiendo esa parte suya, débil y adolescente. No, no llamaría, no llamaría, no llamaría.

Marcó. El teléfono sonó insistentemente, sin que nadie contestara. Temblando, sintiéndose ridícula y frágil como una gardenia en el pelo de una anciana, marcó de nuevo, pero el resultado fue el mismo. Respiró. Se disponía a colgar cuando oyó del otro lado la voz de un hombre, sobrepuesta a la transmisión de un partido en la radio o la televisión, a un volumen muy alto.

—Gabriela, por favor —aventuró Ana, con un hilo de voz.

—Aquí no vive ninguna Gabriela —contestó bruscamente el hombre, y colgó la bocina.

Ana lo intentó de nuevo, cuidando no equivocar los números. Contestó la misma voz, sobreponiéndose a la gritería diabólica del partido. Ana, intimidada, colgó, sin comprender muy bien qué podía estar ocurriendo. A los pocos minutos sonó su propio aparato; lo que oyó al descolgar la bocina la dejó atónita: la narración atropellada del locutor otra vez al fondo, el evidente sonido una transmisión deportiva, y más acá, en la gruta misma de su oído, pero también en su médula, en la caja desconcertada de su cerebro, un horrible sonido, el de un hombre que te vomita encima su carga repulsiva una y otra vez, con saña inexplicable. Diez días después —y enero era ahora el más infernal paraíso, un desierto azul e infinito— el timbre del teléfono despertó a Ana muy temprano, y la voz de Gabriela se oyó del otro lado. Sonaba lacónica y sombría, deliberadamente misteriosa, triste tal vez. Estaba con su madre en la finca de aquel Larry, a dos horas de Bogotá, y quería en primer lugar pedir excusas por esa partida repentina, sin previo aviso. Las cosas no estaban fáciles, de veras. A la semana siguiente entraría a la universidad. Por tal razón, si Ana estaba de acuerdo, ella iría hasta su casa a reclamar lo que le debía. Dijo todo esto con las palabras precisas, sin efusiones ni comentarios, con una voz templada por una contención de piedra.

—Claro que sí, Gabriela, no has debido hacer las cosas así, ven cuando quieras.

El corazón de Ana daba tumbos, debía respirar despacio, tirar muy lentamente de la cuerda invisible que las comunicaba, para que no se fuera a reventar.

—Pero aquí no —aclaró—. Te espero mañana en la galería.

Iba a decir "no falles", pero se silenció, digna como lo que era, una mujer sensata de cuarenta y seis años, una mujer con los pies en la tierra, una mujer que no se podía dejar vencer por su propia fantasía.

2

Con aquella extraña bata rosada, de una infantilidad absurda, que dejaba ver sus muslos finos y sus zapatos mayúsculos, rudamente masculinos, Gabriela parecía una huérfana. Una huérfana de una hermosura dolorosa, pensó Ana, mirando los labios de la muchacha, la rayita que partía su nariz, los ojos de ciega. La belleza física la desarmaba, le causaba una momentánea turbación, la sorprendía siempre como el milagro de los aviones volando.

Cuando era muy joven tenía mucho miedo de la gente bella. Su madre, con crueldad inocente, la había hecho consciente de sus defectos. Le aconsejaba faldas largas para que disimulara sus rodillas, le hacía trenzas para que luciera la frente, "de persona distinguida", y realzara los ojos, "tan chiquitos como los de tu papá", le vaticinaba un destino similar al de sus tías paternas si no enderezaba la espalda. Muy pronto sintió que las mujeres hermosas la disminuían y los hombres bellos la intimidaban. La plenitud de los treinta años la reconcilió con su imagen, pero siguió vacilando al contacto con los hermosos, como el que se asoma al mar por la borda y no resiste la fuerza de sus aguas.

Allí estaba, pues, Gabriela, sentada frente a su escritorio, con su pequeña cara redonda ligeramente inclinada, en la que destacaban los labios gruesos y el mentón adorable que le recordaban a la joven veneciana de Durero, y ella no sabía cómo retenerla. La mirada de la muchacha oscilaba de sus manos menudas, que jugaban distraídamente con un clip, a los ojos de Ana. Contestaba con un mínimo de palabras, como si le resultara difícil articular frases completas, con una semisonrisa enigmática que Ana interpretó como una timidez culposa. Contó que Nácar era ahora una bola adorable de ojos grises, que alternaba con tres perros y una gata preñada en la finca de Larry, en los Llanos, donde ella había estado pasando con su mamá dos semanas de vacaciones.

—¿Estuviste contenta?

—Me gustaba montar a caballo, perderme de los demás durante el día. Pero han vuelto a acosarme los fantasmas.

Cerró por un momento los ojos, como si convocados por sus palabras hubieran llegado todos de golpe.

—El último día me desperté a las dos de la mañana —prosiguió— sintiendo que un escalofrío me recorría la columna vertebral, que alguien extraño estaba dentro de mí, y salí al corredor. Cuando miré el cielo vi que había una luna inmensa. ¿Usted cree en eso de la manía lupina?

Ana sonrió al recordar que ése era el tipo de preguntas habituales en Gabriela.

—Dicen que la luna llena sube las mareas internas. Pero todavía no conozco a nadie a quien le crezca pelo en esas noches. ¿Te sale pelo en las noches de luna llena, Gabriela?

Pero ella no parecía haber oído. Se veía ensimismada, preocupada, y Ana lamentó haberle hecho aquella broma.

—Saqué media botella de whisky de las de Larry, que había estado bebiendo toda la tarde. Y mientras me la tomaba oía el silencio de la noche y pensaba…

Hizo una pausa.

—¿En qué pensabas?

—Pensaba en que somos apenas unas ideas que fluyen, en desorden, y un montón de sensaciones físicas o de sentimientos, todas cambiantes. En que digo hoy y ya es ayer. Me preguntaba qué soy yo. Y sentía una sensación de vértigo. Sentía que me disolvía entre la noche como si fuera líquida, como si ya estuviera muerta y simplemente la hierba creciera encima de mí, de mis huesos; sentía como si no fuera…

No terminó la frase. Ana permanecía en silencio, sin saber qué decir. Pero Gabriela se miraba la punta de los zapatos como si no importara su interlocutora; en su cara de niña los párpados azulosos lucían desproporcionadamente grandes.

—Pensaba en una vez, no hace mucho, en que Javier y yo, que íbamos en la camioneta, paramos en un semáforo. Había una luna enorme, como un plato. Y empezó a pasar gente delante de nosotros, cantidades de gente. Yo miraba sus caras, la forma apresurada en que pasaban, veía cómo todos eran distintos y todos eran iguales, y me empezó un miedo tremendo, una dificultad enorme de respirar, unas ganas horribles de salir corriendo…

Se calló. Ana no podía separar sus ojos de la muchacha.

—¿Cree que estoy loca?

—En absoluto.

—¿Será la luna?

Ana sonrió, con sonrisa maternal. Pero en sus ojos brillaba una luz extraña.

—Mi mamá dice que yo estoy loca. Dice, también, que no tengo remedio.

—Pues tu mamá se equivoca en lo uno y en lo otro.

—Yo sí creo que estoy loca. Y me da miedo.

La luz entraba por la ventana y ponía un brillo cálido en el mentón de Gabriela, vibraba en el vello finísimo de su mejilla. Ana sintió un deseo insoportable de pasar su mano sobre esa piel, de acariciar su cuello de Nefertiti. Miró hacia afuera y vio la tarde apagándose, las nubes como tiburones que se deshilachan, los tejados del vecindario afirmando sus vértices. Se imaginó a Gabriela cabalgando, levísima, una muchacha sobrenatural sobre un caballo airoso.

—¿De qué te da miedo, Gabriela?

—Mi papá murió loco…

—Yo no creo en determinismos…

—¿Determinismos?

—Quiero decir que uno puede hacer con su vida tanto como quiera.

Gabriela estuvo unos segundos en silencio. Luego la miró a los ojos y preguntó:

—¿Usted ha hecho con su vida lo que ha querido?

En su expresión no había ironía ni malicia evidente, pero Ana no pudo evitar preguntarse si aquél no sería el comentario de una niñita malévola. Sobreponiéndose a su sorpresa, sonrió. Su sonrisa era a la vez dulce y amarga, como una medicina para niños.

—Claro que no, Gabriela, en absoluto. No he hecho con mi vida lo que he querido.

Pronunció estas palabras como quien lee una sentencia o da un veredicto. Y mientras las decía pensó que eran una buena síntesis de su sentir, un mal epitafio para su tumba. Comprendió que las miles de acciones consecuentes que ella creía que articulaban su vida en un sistema sin fisuras no eran nada a los ojos de esa muchachita sin experiencia: era evidente que donde Ana había visto siempre pilotes Gabriela veía rejas.

—Un día querría mostrarte lo que estoy pintando —dijo, cambiando abruptamente de tema. Apenas pronunció aquella frase, que parecía extemporánea, comprendió, sin embargo, su patético sentido, su calidad de desesperada justificación: ofrecía su colombina de chocolate al chico más atractivo de la clase para que jugara con ella en el recreo. Para existir frente a Gabriela apelaba a aquello que las acercaba, a aquello que sentía que se parecía más a ella misma. Pero, ¿qué era ella?, se preguntó también Ana, como Gabriela en su noche de luna llena. En su mente se vio como una radiografía en que los músculos, los tendones, los huesos, eran una suma de sus esfuerzos, sus rendiciones, su humor de estoico.

—No sabía que estuviera pintando, no sabía ni siquiera que le gustaba pintar. ¿Pinta usted cosas tristes?

—No sé, Gabriela, no se me ha ocurrido plantearme si lo que pinto es triste. ¿Por qué habría de pintar cosas tristes?

Pero Gabriela se había distraído y no contestó. Se paró junto a la ventana, encendió un cigarrillo.

—Espero que no esté enojada conmigo.

Ana preguntó a la muchacha por qué se había ido de esa manera abrupta. Ésta sonrió como para sí misma.

—No sé...

Ana se atrevió a insistir:

—Eso no me parece una respuesta, Gabriela.

—Pero lo es.

Ahora la muchacha la miraba, con ese aire candoroso que le borraba la sonrisa y le agrandaba los ojos.

—Puedes regresar cuando quieras. ¿Necesitas la plata, no? Y trabajo es lo que hay...

—No puedo. La Universidad no me va a dejar tiempo. Además su casa queda muy lejos. Desde mañana voy a trabajar de mesera en *Circe*.

—¿*Circe*?

—El lugar aquel donde estuvimos.

—Ah...

—Es posible, también, que me vaya a Francia. Carlos me matriculó en un Instituto allá y va a mandarme la plata para el pasaje a Lyon. Ya estoy haciendo las vueltas para la visa.

—Qué bueno —dijo Ana—. No dejes de contarme. "Pobre niña —pensó— llena de sueños imposibles".

—Oye, Gabriela —añadió, muy seria—: aprecié mucho lo que me dejaste. Tiene mucha fuerza y es muy conmovedor.

Gabriela guardó silencio. Ana se sentía incómoda con sus propias palabras. Buscó, inhibida, algo qué decir, que la devolviera a un diálogo más fluido. Pero sólo logró que éste se arrastrara, diera brincos, patinara, como un animal arisco que busca una salida en un terreno cenagoso. Sus emociones, su nerviosismo, hacían que sintiera las mejillas calientes.

—Tengo miedo por ti... —dijo, y su voz se hizo íntima.

—Y yo tengo miedo de mí —dijo Gabriela y sonrió, levantándose—. Bueno, ya me voy.

Ana sacó su billetera y calculó de un vistazo cuánto tenía. Contó los billetes: vaciló. Entre el índice y el pulgar apretó un pequeño fajo y se lo dio a Gabriela.

—Cuenta.

Gabriela contó.

—Hay doscientos diez.

—Déjalo así.

—No, mil gracias —se limitó a decir Gabriela, dejando cinco billetes de diez sobre el escritorio.

—Cógelos. Te hacen falta —insistió Ana.

Pero se encontró con la mirada de Gabriela y supo que no había nada qué añadir. La acompañó hasta la puerta. Las despedidas avivan los sentimientos: Ana quiso atropellarse de palabras. Pero se limitó a palmotear a Gabriela en el hombro, con fórmulas cariñosas.

—Llámame.

—Listo.

—El 26 es mi cumpleaños. Podemos tomarnos un café. ¿Me llamas?

—Listo.

—Y no bebas tanto.

Gabriela la miró, sonriendo. Sus miradas estaban a la misma altura.

—Lo más probable es que Carlos no cumpla —dijo, como quien consuela a un niño con miedo.

La vio bajar las escaleras, salir a la tarde luminosa. Aquel vestidito rosado se destacó todavía entre la masa gris que invadía la calle, aleteó como una bandera infantil en la lejanía y luego fue un punto minúsculo, una florecita en la lengua pesada de una ballena que bosteza.

3

Para no sucumbir al deseo desesperado de la persecución hay que crear un método. Ana los había ensayado todos en los tiempos torturantes de Martín, con relativo éxito. Eran prácticas rudimentarias, recursos elementales de penitente para perseverar en su empeño: en su calendario dibujaba círculos con tinta verde, prometiéndose plazos que hacían llevadera su ansiedad, y luego, como los alcohólicos en recuperación, corría las fechas y se hacía ilusiones distintas. Escribía cartas que la dejaban exhausta y que luego rompía entre lágrimas. Cuando las tardes eran irresistibles en su trasparencia desoladora, corría hasta donde Malena y se rendía a su desconsuelo. Su amiga la oía, con interés inalterable, y cedía al diálogo bizantino hasta que lograba disolver el espeso tapón de preguntas desconcertadas que a su amiga le impedía el aire. Ana sabía, también, que a la tribulación se la puede domesticar: esperar puede ser, finalmente, el Gran Motor. El mundo está lleno de esquinas. Tarde o temprano, por ley de probabilidades, aparecerá allí, a la vuelta, el rostro amado, el rostro desdibujado por la fuerza del sueño y del deseo. Postergar esa aparición es también postergar la esperanza. ¿Días, meses, años? Pero esta vez supo que no resistiría.

El veintiséis tuvo más minutos que un siglo en la era de las glaciaciones. El teléfono de su casa se había dañado misteriosamente, y es bien sabido que en Bogotá un reclamo puede durar en ser atendido toda una vida. Así que ocho días después nadie le daba ninguna esperanza. Conjeturó que Gabriela no sabía el número de su celular, así que supuso que la llamaría a la galería. Como las madres de los desaparecidos, que no salen a la tienda a comprar la leche porque existe el riesgo de perderse una llamada del hijo anhelado, Ana no se movió de allí: al minuto siguiente podría sonar el teléfono, aparecer un mensaje en la pantalla, llegar el cartero con una cartita cerrada, o, por qué no, abrirse la puerta de su oficina para dejar entrar aquel ser perturbador con su cuello de cisne y sus zapatos de presidiario, ah, Dios, imposible que lo haya olvidado.

Lo olvidó, sin duda, lo olvidó o no pudo o no quiso, qué más da, la vida está ahí como una bolsa oscura a la que hay que llenar de proyectos en vez de empecinarte en los caprichos de una niña extraviada, un poquito loca, porque si no terminas metiendo tu cabeza en la bolsa, anudándola a tu cuello, esperando a que se adhiera a tu piel y a tus ojos, que te selle los labios. A propósito, dicen que es una muerte muy dulce…

Nos aferramos a la obsesión porque nos impide tocar fondo, porque nos permite volver a impulsarnos y salir a la superficie. Sin embargo, la sensación final que experimentaba Ana era la de estar enterrada en una cueva sin aire. Había descuidado su empresa, y asistía con una mirada anestesiada al deterioro síquico de Emilio, haciendo gestos siempre tardíos e indecisos. Pintaba, sí, con el brío agitado de sus propias emociones, pero luego, cuando regresaba a la realidad, quedaba flotando en un vacío sin bordes, dando coletazos atolondrados como una cometa imperfecta. Dos semanas más tarde, después de una breve indagación, y venciendo sus propios prejuicios, pidió una cita con la doctora Mahud, una terapista de mucho éxito. Cuando posteriormente se enteró por su fuente de información de los nombres de algunos de sus pacientes, sintió un escalofrío en las vértebras cervicales. Pero su cita ya estaba concertada, de manera que hizo caso omiso de la información recibida y persistió en su propósito.

En sus cuarenta y seis años había ido dos veces al siquiatra. La primera vez fue a los trece, de la mano de su madre, en razón de su rebeldía y sus crisis nerviosas, que se manifestaban en aquellas inesperadas y embarazosas vomitonas. El médico las atendió en su consultorio de la clínica de reposo. Ana vio desde lejos cómo se paseaban por los jardines o por los corredores unos hombres y mujeres con miradas de náufragos. Su madre, que en sus tiempos de soltería había sido enfermera en uno de aquellos lugares, le explicó que eran "los internos", seres consumidos por el alcoholismo o la depresión; algunos eran simplemente jóvenes agresivos o desadaptados, recluidos allí por temporadas por sus ricas familias, esperanzadas en que las terapias los restituirían al orden social; otros eran ancianos neuróticos, abandonados por sus hijos o que huían de la justicia con el pretexto de la locura.

Mientras respondía las preguntas del joven y amable terapeuta, Ana, que había protagonizado en el colegio el papel principal de *La madre loca*, estuvo segura de que de un momento a otro irrumpirían en el consultorio los enfermeros con su camisa de fuerza y sus jeringas, y que su destino estaría en una celda de dos por tres, con la cabeza rapada, por el resto de su vida. Se dedicó a mentir con detalles preciosistas para dar pruebas de su normalidad. El médico diagnosticó entonces a su madre que la paciente mostraba preocupantes síntomas de desarreglos en la personalidad, aconsejó dos sesiones semanales y pastillas para los nervios que la volvieran más manejable. El día de su siguiente consulta Ana se enroscó en la cama como una lombriz a la que tocamos con un palito, y no hubo poder humano que la sacara de debajo de las cobijas. Desde lo íntimo de su refugio amenazó con tomar decisiones atroces si insistían en llevarla a ese lugar, e inculpó a su madre de ser tan miope y perder de vista que la locura, como había leído en alguna parte, no era sino una señal de genio o de santidad.

La segunda vez había sido diez años antes, a raíz de su descontento matrimonial. Asistió puntualmente durante cuatro meses a sesiones en que, tendida en el diván, divagaba con la mirada fija en una lamparita de pergamino que se deshacía de vejez y descuido. En mitad de su discurso tomaba conciencia de aquella lámpara insultantemente deteriorada y sentía una irritación sin proporciones. Su terapeuta era un sicoanalista de corte lacaniano, de cejas intimidantes y cien kilos de peso, que hablaba con una voz felposa que no parecía salir de aquel cuerpo colosal y que resoplaba cuando, muy ortodoxamente, subía detrás de ella las escaleras. Pero cuando se sentaba en la silla, fuera del alcance de la vista de sus pacientes, un silencio atroz se hacía a su alrededor, como si hubiera caído en un pozo. Ana tenía la impresión permanente de que su médico se había dormido. El día en que gastó su sesión en convencerlo de que nunca se había enamorado de su maestro de perspectiva como él sostenía, ni consciente ni inconscientemente, decidió que había perdido ya demasiado tiempo, giró su último cheque y se despidió de la siquiatría para siempre.

Sin embargo, ahora estaba allí, esperando a que la doctora Mahud la hiciera pasar a su consultorio, molesta por un retraso de veinticinco minutos. La doctora Mahud había acondicionado una salita de su lujosa casa como sitio de trabajo, pero no había cuidado todos los detalles como debía. Su empleada, convenientemente ataviada con delantal y cofia, había pasado ya dos veces por el hall de espera cargada de ropa recién planchada, en escena que no se correspondía con el mármol travertino de los pisos y las pesadas cortinas de terciopelo. Aquel entorno afectado, lleno de porcelanas Capo di Monti y malas pinturas en marcos barrocos hizo pensar a Ana que una vez se abriera la puerta aparecería una mujer ligeramente mayor con aires de gran dama, probablemente con una gargantilla de perlas falsas sobre su suéter de cachemir. Pero para su sorpresa, la doctora Mahud era una joven señora amante de los deportes, a juzgar por su sudadera gris y sus tenis, y el pelo recogido en lo alto con una liga de caucho. Efectivamente acababa de llegar del gimnasio y pedía excusas por su traje tan informal. "Hay que hacer abstracción de tonterías que no significan nada, deshacerse de prejuicios", se dijo Ana, y empezó su exposición con elocuencia y emoción contenida. Pero la doctora Mahud la interrumpió con un gesto imperioso y una sonrisa. Tal vez ella no estaba enterada de sus métodos: le rogaba un poquito de paciencia, iba a explicarle paso a paso lo que deberían hacer ahora. ¿Sabía jugar el viejo juego de las estatuas? Pues bien. A una señal de su mano, debía interrumpir su relato, buscar la emoción que la acompañaba, transparentarla en su rostro y conservarla con instantaneidad de piedra. ¿Estaba lista?

Allí estaba, pues, Ana, haciendo concienzuda y deliberadamente el ridículo, entre objetos relamidos y diplomas, diplomitas, diplomones, al frente de una fisiculturista que la domesticaba con un látigo en la mano. ¿Hasta dónde había llegado?

Ya en la calle, ciega de furor, no pudo siquiera reproducir en su mente las palabras que logró articular impulsada por un soplo de rebeldía. Se dijo que ya estaba bien de tonterías, de claudicaciones, de debilidades. Se crearía una coraza de hierro, se endurecería a fuerza de llorar para adentro. "No se puede escapar más que hacia arriba", se repitió, una y otra vez, mientras atravesaba la ciudad densa y jabonosa después de la lluvia.

Al mediodía recibió a su amigo Juan Luis en su pequeño estudio: era un crítico de arte implacable, perceptivo, sincero, la única persona a la que creía en materia de pintura. Con temor y temblor le mostró sus pinturas recientes, dispuesta a enfrentar la verdad. Juan Luis las estuvo mirando, una por una, con detenimiento, en el más absoluto silencio. Ana pensó, al verlo —la cabeza leonina, el cuello corto, la mirada dura y los ademanes a la vez eléctricos y controlados—, que eso que llaman respetabilidad se las ingenia para manifestarse en la fisonomía. Esperó, tensa.

—¿Qué quieres que te diga?
—No me asustes, por Dios.
—¿Estás dispuesta a enfrentar las consecuencias de habermer traído aquí?

—Tú sabes que te creo todo.

—Entonces déjate de maricadas y dedícate a pintar.

Ana soltó una risita nerviosa, tratando de mirarlo a los ojos. Pero él seguía observando los cuadros.

—No te burles de mí, maldito. ¿Qué quieres decir?

—Que mandes tu tal galería para la mierda.

—¿Es verdad?

—No, es mentira.

Ana pasó su brazo sobre el hombro de Juan Luis, recostó en su hombro la cabeza.

—Es que me quieres más de la cuenta.

—Eso también es verdad: te quiero más de la cuenta.

Cuando llegó a la galería se encontró con que Gabriela había llamado y había dejado dicho que la llamara a su casa. Según la secretaria la cuestión era urgente. Contestó ella. A Ana le pareció que la voz de la muchacha sonaba trémula, agitada. Sus palabras estaban llenas de silencios, de pausas inexplicables. Tal vez estaba llorando. Explicó que quería verla, lo más pronto posible, por favor. Necesitaba decirle "cosas que sólo ella podría entender".

—Voy a viajar pronto.

—¿Qué es pronto?

—Estoy esperando unos papeles que deben llegar hoy mismo.

—Son las doce y media. ¿Quieres que almorcemos?

—Pero estoy al otro lado, no creo que alcance a llegar.

Ana se desplazaría, no habría ningún problema. Arreglaría unos asuntos pendientes que no le llevarían más de una hora. Podrían verse a las una y media, en una pizzería del norte.

—Pero tengo que estar a las tres en la universidad. Debo recoger unos papeles.

—No te preocupes. Yo te dejo allá.

Ana firmó dos cartas, hizo unas llamadas, canceló una cita. "Ah, Gabriela, Gabriela, chiquita, no vas a irte a esa aventura loca, con una mano atrás y otra adelante, detrás de un sueño. No así, simplemente por huir, animada por un irresponsable". La treinta sería una buena ruta. El mediodía hervía haciendo que se elevara un vaporcillo sobre el asfalto. "Cosas que sólo ella podría entender", pensaba, y el corazón le latía como una mariposa negra. La avenida estaba atestada. Miró el reloj: la una y diez, todavía estaba a tiempo. Encendió el radio: los comentaristas de fútbol, con voces acaloradas, hacían vaticinios sobre el partido de la noche.

—Pedreas en la Nacional —le anunció un taxista.

Con impaciencia, avanzó lentamente detrás de la fila de automóviles, soportando el intenso calor, hasta que el flujo de carros encontró una desviación. Cuando llegó a la pizzería eran casi las dos; buscó con la mirada a Gabriela pero no la vio por ninguna parte. Entonces, era ella la demorada. Pidió una cerveza y se dispuso a esperar. Todavía estaba agitada por la prisa; sentía el cuello húmedo y en las mejillas habían aparecido unas manchas rosadas, pálidas floraciones de sangre. Estaba de frente a la puerta, y cada vez que ésta se abría esperaba ver la cara de Gabriela, sus ojos pidiendo perdón por la tardanza, su sonrisa de labios abultados. Los oficinistas de corbatas impecables y sastrecitos bien cortados que aparecían en su lugar la irritaban y aumentaban su nerviosismo. A las dos y cuarto empezó a preocuparse, pensando que no estaba ante una simple tardanza. Quizá Gabriela había venido ya, y confundida con su ausencia, habría pensando en una equivocación de lugar. Quería indagar al mesero, pero se sentía ridícula cuando pensaba en describir a la muchacha. Llamó a la galería, pero su secretaría había salido a almorzar y el celador no supo informarle sobre ninguna llamada. Una perturbación insoportable la fue invadiendo: ¿qué situación era ésa? O había habido un malentendido o Gabriela se burlaba de ella. Tomó su cerveza a grandes sorbos, ansiosa, mirando de tanto en tanto el fondo color miel donde se reflejaban sus ojos como un par de animalitos inquietos, sintiendo que con cada trago bebía una creciente humillación. Dos y media. No había que esperar más. Tenía hambre pero no ganas de comer. Pagó la cerveza y salió. En el umbral del restaurante miró todavía a lo largo de la calle, esperando ver a lo lejos la cabeza desordenada. Pero sólo vio caras desconocidas y, más allá de ellas, la cara de su soledad desasosegada.

 Si hubiera podido sentir rabia, su tarde habría tenido una brújula, pero su corazón estaba demasiado dispuesto para poder experimentar algo distinto a la condescendencia. Desgraciadamente, Ana solía sentirse culpable de las faltas de los demás. Cuando era niña, si su hermana, con torpeza, derramaba sobre el mantel el vaso de leche, ella era la que pedía disculpas, la que corría por un trapo, la que temía el castigo. Tal vez esto tuviera que ver con que en su hogar la madre nunca les había concedido la razón. Si la criada se enojaba con ellas, o la maestra las castigaba, jamás tenían ellas el privilegio de que se las oyera. Sea lo que sea, Ana tendía a fustigarse a sí misma.

A sabiendas de que estaba metiendo la cabeza por la puerta de un agujero, marcó desde su celular el número de la casa de Gabriela. Reconoció la voz robusta de Larry al otro lado: no, Gabriela no estaba, pero había hablado con ella por teléfono hacía cosa de una hora y le había dicho que iba para la universidad a reclamar unos papeles.

—¿No le dijo que tenía una cita conmigo?
—No.

Era un desatino, lo sabía, no regresar a la galería a atender los asuntos pendientes, volver al trancón por perseguir a una Gabriela vagarosa. Pero un demonio empecinado le hablaba al oído y la empujaba con sus mano de fuego, de modo que se abandonó a él y desanduvo su camino buscando la universidad. La burocracia pública es caprichosa e implacable. Quizá a Gabriela la habían obligado a ir a última hora en la mañana y había quedado atrapada en el zafarrancho del mediodía. Quizá la había retenido una gestión urgente: su vocecita sonaba tan angustiada que tal vez estuviera en aprietos y la presencia de Ana la ayudaría. Qué presunciones absurdas, se dijo enseguida: Gabriela era una malcriada, una inconsecuente, una irresponsable a la que había que poner de una vez por todas en su lugar. Además la universidad era inmensa, las posibilidades de encontrarla eran mínimas… No perdía nada, sin embargo. Echaría un vistazo, daría una vuelta rápida y a las cuatro ya estaría de vuelta en la galería.

Por fortuna apenas si quedaban rastros de la congestión de tráfico, y todo en los alrededores parecía haber regresado a la normalidad. Hacía por lo menos un año que Ana no pisaba la universidad. Su campus le había resultado siempre melancólico, con sus largas extensiones de hierba rala y el desaliño de sus edificios, su blancura de novia mancillada. Volver despertaba en ella nostalgias apagadas, emociones dispersas y contradictorias. Le gustaba ver la diversidad colorida de los estudiantes, por los que se sentía atraída naturalmente, aunque hubiera tenido que luchar tantas veces con su pereza mental o su torpeza. Y disfrutaba de esa tirante laxitud de la vida académica, a la que a veces anhelaba volver, con los ritmos particulares que le imprime su naturaleza cíclica, su eterno retoñar y morir, el tiempo espasmódico que va siendo marcado por las generaciones. Pero sabía también del corazón insidioso de las universidades, de su respiración letárgica, del modo en que su cuerpo de saurio arrastra una parte muerta, alrededor de la cual giran perezosos los tábanos. De sus muchos muertos vivos, de sus vivos emponzoñados y de sus falsos profetas. Uno de ellos venía ahora a su encuentro, la rubicunda cara mofletuda iluminada por una sonrisa, el pecho inflado, los hombros de su gabardina negra —que él llevaba de estudiada manera como si fuera una capa— discretamente nevados por una llovizna de caspa. Era un pintorcillo, sinuoso y henchido como una aguamala, uno de aquellos charlatanes profesionales que la universidad es capaz de aguantar sin mosquearse durante treinta años, un fracasado que odiaba a todo aquel que tuviera luz propia. Invertía buena parte de sus horas en pasearse por el campus como un moderno Sócrates, seguido de dos o tres estudiantes obsecuentes, embelesados por sus teorías siempre mutantes y rebuscadísimas. Ana estaba ahora poco dispuesta a oír su cháchara funambulesca, así que, como solía hacer cuando quería desembarazarse de alguien, extremó la formalidad de su saludo, elevando la mano para señalar que no iba a detenerse. Cometió, sin embargo, la torpeza de preguntarle mecánicamente cómo iba. A lo que aquel ser infatuado la tomó del brazo, y, como era su costumbre —y ahora Ana lo recordó —, después de los saludos, hiperbólicos como su propia persona, se explayó en la descripción de un proyecto de libro que tenía en mente, y que sin duda a muchas editoriales les interesaría sobremanera. Con forzada paciencia —y a sabiendas de que lo que demandaba su excolega era una recomendación de su trabajo— Ana lo escuchaba, examinando con miradas furtivas el entorno, y regresando, sin remedio, a su interlocutor, a su nariz grumosa y violácea que acercaba sin consideración a su propia cara. Dos frases amables pero perentorias la libraron de su presencia y Ana se preguntó, molesta, con cuántos otros conocidos se toparía ahora en aquel lugar lleno para ella de seres familiares.

Su conciencia registraba vagamente, con atenuada emoción, la belleza de los caballos, de flancos duros y dorados por el sol de la tarde, que pastaban con placidez en los prados de la facultad de zootecnia, y la lejana y reiterada melodía de un piano, escapada de quién sabe donde, mientras volvía una y otra vez a la idea de que quizá pudiera ella detener la partida de Gabriela, esa aventura de última hora que la arrancaba de la universidad y la exponía a quién sabe qué dificultades futuras.

Entró a la facultad de artes haciendo votos por no encontrarse con alguno de sus colegas o amigos y al subir a las oficinas administrativas para echar un rápido vistazo vio una fila considerable de estudiantes, pero entre ellos no estaba Gabriela. Tampoco estaba en la cafetería de la facultad, ni en la plazoleta, ni en la oficina de admisiones, ni en la biblioteca. Avergonzada, desconociéndose en aquel deambular obsesivo, dio por terminada su búsqueda. Avisó a su oficina que iría enseguida, pero antes, hambrienta como estaba, se acercó a un tenderete y pidió un tinto y algo de comer. Se disponía a tomárselo, sentada en un tronco, cuando vio, a lo lejos, desdibujadas detrás de los ventanales de la cafetería central, que estúpidamente no había considerado examinar, la nuca pálida y la cabeza hirsuta. Del otro lado de la mesa se veía un hombre mayor, incierto en todo dada la considerable distancia, tan sólo un par de gafas y una barba cana. Ana se quemó los labios con el café caliente. Permaneció allí, diez minutos, tal vez quince, hasta que las dos figuras se incorporaron. Entonces, con decisión inalterable, recorrió los veinte metros que la separaban del lugar y se dirigió a la puerta de la izquierda, por donde calculó que saldrían. Un grupo de estudiantes obstruía la entrada. Ana se abrió paso sin muchas maneras, segura ya de encontrarse frente a frente con Gabriela. ¿Qué le diría? Al entrar, contempló por un momento el espacio abigarrado de gente, y buscó la mesita esquinera, del lado del ventanal. Dos anodinas muchachas descargaban en ella sus mochilas repletas de libros. De momento, ni Gabriela ni su acompañante se veían por ninguna parte. Iba ya su mirada a indagar en la otra salida de la enorme cafetería cuando sintió una mano en su hombro. Se volvió, ansiosa, esperando ver los ojos lentos, la sonrisa infantil. Su mente se demoró, por tanto, unos segundos, en recapacitar, frente al rostro insólito que la sorprendía.

—¿Tú?

—El mismo.

Antes de decir otra cosa, Ana volvió de nuevo su cabeza y examinó con mirada rápida las otras mesas, el mostrador, la salida del lado opuesto. Pero no vio a nadie conocido. En la enorme greca metálica vio en cambio su imagen, la de una mujer de sonrisa asustada y oscuras ojeras sufrientes.

—Espérame aquí. No te muevas.

—Como usted ordene.

Salió del lugar por el mismo lugar por donde había entrado y, rápidamente, fue por fuera hasta la otra puerta. Nada. Dio un desconsolado rodeo. Un hombre de gafas y barba blanca se despedía de una muchachita de zancas largas unos metros más adelante. Tal vez todo había sido una equivocación, una alucinación, una mentira de su cerebro enardecido.

Regresó. Martín no estaba donde lo había dejado. Abarcó el lugar con una mirada llena de cansancio. Allá al final vio su mano en el aire, llamándola. Y fue hasta ella, como un náufrago que nada hasta una isla llena de palmeras.

4

"La vida, esa cadena de azares", se dijo Ana mientras se sentaban, y por su mente pasaron esas reflexiones simples y trilladas que vuelven a nosotros cada vez en circunstancias similares: un minuto más, un minuto menos, y habría encontrado a Gabriela o Martín no la habría visto. Si aquel profesor rosado como un molusco no se le hubiera atravesado, éste momento sería otro, más vacío o más pleno.

Cuando volvió a mirar a Martín, éste sonreía.
—Pensé que harías lo de la última vez.
—¿Qué?
—Dejarme plantado.

La memoria, tan segura de la imagen que tenemos del otro, tambalea muchas veces en los reencuentros. Unos pocos meses, y un encuentro casual se convierte de entrada en un pequeño reconocimiento. Es lo que piensa ahora Ana mirando a Martín, tan naturalmente varonil pero un poco más flaco, sin duda, la piel ligeramente más blanca que en su recuerdo; pero ahora que baja los ojos mientras toma su tinto, Ana puede ver que ha envejecido un poco, que la frente se amplía y brilla debajo del pelo que comienza a escasear y también a llenarse de canas. Entonces piensa en ella misma, en la palidez cansada de su piel, en las ojeras oscuras que le devolviera la imagen de la greca. Se lamenta de no estar bella para este hombre que amó hasta los huesos, que hasta hace poco le dolía como una astilla en la frente, y en un intento desesperado se pasa la mano por el pelo, como si quisiera ordenarlo y sonríe. Martín, por su parte, ve frente a él a una mujer llena de luminosa vida a pesar de las medialunas azulosas que sombrean sus ojos, que le prestan encanto a su mirada, una mujer en la que comienzan a verse las primeras señales de los años, es verdad —las arrugitas alrededor de los ojos, una ligera flacidez en el cuello—, pero que siempre le gustó por eso mismo, por la fuerza de una madurez que no empaña su belleza irregular, que aún conserva, paradójicamente, rasgos adolescentes.

Ana dice, entre risas, que ya no es hora de explicaciones, y pregunta con interés por él, por su trabajo, por sus enfermedades. Omite, por supuesto, que está enterada de su separación, pero es Martín el que ahora se la revela, escuetamente, sin comentario alguno, en medio de otros datos más o menos importantes, proyectos de trabajo, noticias de su único hijo. "Pero este lugar es atroz", dice, "con esta bulla, sería bueno ir a un lugar más reposado y celebrar allí este encuentro casual". Está seguro de que tienen mucho de qué hablar. Él está sin carro, así que pueden ir en el de ella, por allí cerca.

"Qué día extraño", piensa Ana al timón, mientras buscan el barcito planeado, que ha desaparecido. Esto les pasaba a menudo. Querían ir a un lugar determinado, discreto y sencillo, suficientemente digno y suficientemente desconocido, y caminaban extraviados mientras uno de ellos decía "pero si era aquí, déjame ver, creo que es una cuadra más adelante", y al llegar allá no encontraban la puerta café, "es imposible, era aquí, no, no estoy loco", para terminar entrando a cualquier parte, bares desangelados y despedidores que marcaban el tono de sus conversaciones. Como la búsqueda resulta infructuosa, Martín sugiere que vayan a su apartamento.

—Es demasiado lejos —argumenta Ana.

—Aquí no más, a cinco cuadras.

De modo que no era su mujer la que se había ido, sino él, piensa Ana, de modo que aquella ventana, en la noche del Halloween…

En el amplio estudio, ubicado en el último piso de un edificio de un barrio sin pretensiones, la austeridad y el orden le recuerdan a Ana, al entrar, que aquellos dos rasgos de la personalidad de Martín, que admiraba en él, sirven también para explicar su abandono. Ahora ella invade aquel espacio ajeno, estimulada por la situación, expectante, curiosa e inhibida a la vez.

Los dos son tímidos, así que Martín, para disimular la ansiedad y la emoción de exponer su ámbito privado por primera vez a Ana, va hasta la cocina y trae una botella de vino y dos copas. Ella no está segura de querer beber, pero permite que llene la suya, y participa del pequeño brindis con un pequeño sorbo. Recuerda que en todo el día no ha comido nada y de repente siente un hambre atroz. Instalada en la blandura del sofá, mientras oye cómo Martín cuenta, con humor, sus dificultades de hombre solo, lo examina en contexto: los bluejeans y las medias grises, los títulos de la biblioteca, el frutero de cristal azul sin una sola fruta en la escueta mesa del comedor, el libro abierto sobre la silla, los zapatos de piel, las paredes desnudas, la larga hilera de discos, cada cosa puesta en su lugar con un rigor que le recuerda el de su sistemático marido.

Desde su silla, Martín la ve sentada en uno de los ángulos del sofá y se siente complacido con esta presencia fortuita que matiza sorpresivamente el tedio de sus últimos días. Quiere llevar la conversación a un lugar suficientemente íntimo, que propicie el acercamiento y le dé intensidad al encuentro. Pero no atina a ir en esa dirección: al contrario, cada cosa que dice lo aleja cada vez más de su intención. Ana, en cambio, que ha bebido ya sin darse cuenta su primera copa de vino, le lanza una pregunta audaz: ¿es ahora un hombre feliz? Martín quiere dar una respuesta ingeniosa, o una respuesta cerebral, algo que ahogue la repentina emoción que le empieza a subir como un ciempiés por el esternón y le humedece los ojos. Pero sólo suspira. Los dos ríen entonces de su suspiro y se miran. Y esa mirada, cargada de timidez y de complicidad, convoca, mágicamente, el pasado.

Es Ana la que se ha puesto a hablar ahora, de repente desparpajada por el vino. Le pregunta a Martín si aún guarda las cartas que alguna vez ella le escribió. Martín asiente, pero no añade nada más. Ana, provocándolo, dice que no cree en su respuesta y que quiere verlas. Pero Martín se niega, entre risas. Ana insiste, una, dos veces. Ante la reiterada negativa comienza suavemente a enojarse, a no tomárselo en broma, a su pesar. Imagina a Martín rompiendo las cartas en el momento de la mudanza, echando los pedazos a la taza del inodoro, convirtiendo en basura esa parte de su memoria. Ya no se ve relajada y eufórica sino repentinamente seria. Mira la puerta como si pensara que lo mejor es marcharse, que no fue una buena idea haber venido, que se ha expuesto con esas inútiles preguntas. Si las cartas no existen ella tampoco existe, por lo menos de la manera en la que le gustaría existir, en que cree justo seguir existiendo.

Pero Martín ha visto el cambio de su semblante y piensa que es tonto arruinar este momento por seguir adelante con esa broma inoportuna. Va hasta su estudio, hurga entre los libros, regresa con un sobre y se lo extiende a Ana. Ésta vuelve a sonreír, aunque con un mohín de su boca quiere mostrarle que todavía hay en ella huellas de malestar. Sin embargo, ahora que está segura de que él ha protegido el pasado, recupera la tranquilidad. Un pasado alrededor del cual Martín seguramente ha trazado un círculo imaginario que lo protege de su otro pasado, más desapacible y arruinado, el de su vida conyugal. Saca las cartas, y ve su letra de colegial, su letra palmer de rasgos alargados, y quiere volverlas a guardar, asustada, como si fueran fotografías obscenas o descarnadas radiografías de sus partes más íntimas. Pero Martín ha venido a sentarse a su lado y la insta a examinar uno de aquellos pliegos cuidadosamente doblados. Con timidez, Ana lo abre y los dos leen, en silencio, el primer párrafo. Es una carta divertida sobre un episodio de celos, al que Ana ha querido quitarle importancia. Este primer párrafo los ha hecho sonreír, acercarse. Leen la carta, así, las cabezas rozándose, sin pronunciar palabra, como un par de escolares que estudian la lección. Ana lee en voz alta la última línea: *cierra los ojos, que voy a besarte*.

No saben cómo, pero de repente se han abrazado, con brusquedad, como dos hermanos que se reencuentran, dos amigos que se reconcilian, y el abrazo es como un paréntesis de luz, donde lo callado, temblando, comienza a crecer. Buscan los labios y ahora, ciegamente, sus cuerpos debajo de las ropas. Martín, que gira en el cielo desnudo de una libertad reciente, se acoge al cuerpo de Ana como un niño a las faldas de su madre, como un hombre que ha hecho un largo camino a pie y a las puertas de su casa se recuesta, exhausto, sintiendo la hierba del jardín en la mejilla. Él, que no es un hombre promiscuo, desea en el cuerpo de Ana, sin saber, no sólo sus formas que empieza a reconocer, sino el cuerpo de todas las mujeres que ha tenido y las que piensa que ya no tendrá, tan asustado está con su propia soledad.

Para Ana, rendirse otra vez al cuerpo de Martín paradójicamente la humilla y la reivindica. No sabe si él, que hace un tiempo la abandonó de forma limpia pero con deliberación, abraza a la mujer que amó o a la que ama. Como queriendo imponerse sobre la imagen del recuerdo, borrar a la que fue y dar paso a la que es, ella, que se intimidaba con el ardor de su amante, lo acaricia ahora con impudicia, con los ojos abiertos, reconociéndolo. Cinco meses son mucho tiempo para el amor y muy poco para el conocimiento de los cuerpos: antes, inhibida, apenas si mostraba su desnudez, y aturdida de enamoramiento se olvidaba de su propio placer. Éste era espasmódico, casi animal, ahogado por el descubrimiento.

En muchas parejas la sexualidad permanece como un territorio inviolable aun en medio de ruinas, porque es un hábito como tantos otros, con sus reglas y sus métodos, cansada gimnasia que no demanda nada a la imaginación. Si en su pobre vida conyugal los orgasmos de Ana eran indefectibles, redondos y exactos como sus días, en su corta relación con Martín éstos fueron reemplazados siempre por el éxtasis de una felicidad que no lograba, sin embargo, la recompensa de esta descarga de la libido. Ahora es Ana la que se muestra, como si quisiera lucir su cuerpo imperfecto, la que toma la iniciativa, la que experimenta nuevas formas del amor. Desliza su lengua en la oreja, penetra en ella como un caracol, siente su sabor amargo, besa el cuello que huele a piel y sólo a piel, busca la axila y la escruta con la punta de la nariz, como un sabueso, lame los vellos rubios del pecho con los ojos velados, mientras su mano, pequeña trepadora, busca el sexo, sintiendo subir sus mareas, el borboteo de hormigas que inflaman su vértice. De repente, un deseo tiránico la domina: quiere que aquel cuerpo poderoso se doblegue, se haga dócil, sea su esclavo. Sus gestos ahora son órdenes, sus caricias se hacen extrañamente crueles, los de una domadora que ama y castiga a su bestia. Martín, que siempre sintió en el cuerpo de Ana la docilidad apasionada del abandono, se sorprende de su dulce rudeza, de sus movimientos de vértigo. Por un momento, su brío masculino parece detenerse, entrar en un limbo de desconcierto. Sin embargo, la agresiva ternura domestica su cuerpo, lo desarma, lo convierte en su objeto. Ve el rostro transfigurado, los ojos líquidos, que ya no miran, y le parece que está con una desconocida, con una hermosa mujer nueva, y siente que se renueva el deseo. La besa, tocando el cielo de su boca, apretando la lengua contra la dura superficie de los dientes.

    Para Ana, Martín es también ahora un desconocido, pero por razones distintas. Se pregunta qué sabe en verdad de este hombre: dos o tres datos significativos, las intuiciones que nacieron de los momentos compartidos y nada más. Esta constatación, y la conciencia de que ésta es una despedida, hace que sus movimientos sean exaltados, enérgicos. En el núcleo palpitante del coito, durante unos segundos, son dos seres que se descubren, dos recién llegados impúdicos y feroces, dos tiernas criaturas sin nombre y sin pasado, tan sólo desnudez que palpita con una misma fuerza espasmódica.

Cuando, meses antes, se amaban en el estudio de Ana, en medio del olor a trementina, el zureo de las palomas en el techo perturbaba a Martín, lo hacía desconcentrar y lanzar impacientes maldiciones. Ana, divertida, le decía al oído:

—No te mortifiques, es música.

Ahora, mientras los ciega un destello luminoso que abre un agujero rojizo en la oscuridad de sus cerebros, las tuberías que las paredes ocultan empiezan a tronar con sonidos destemplados. Como aquella estridencia se prolonga, Ana hace un gesto impaciente, como queriendo detener el ruido con el gesto de su mano. Martín se inclina hasta su oído:

—No te preocupes, es música —murmura.

Los dos sonríen, divertidos. Se miran, respondiendo al guiño picaresco que les hace el pasado. Vuelven a besarse, a hundirse en su ensimismado universo de lodo y agua. Ana se abandona al sentimiento, a los dulces pinchazos de las sensaciones que espolean su cuerpo. Entonces se hace la oscuridad y la luz y otra vez la oscuridad, y en ella, fantasmagórica, flota la mirada húmeda de Martín, sus flancos de piedra iluminando la memoria, y es un trepidar, un fragor de locomotoras y de pájaros volando, el momento perfecto que pareciera llegar para quedarse, y la columna de Ana es recorrida por un latigazo de energía, y su cintura se arquea como la de una bailarina, y sus ojos brillan todavía más, con el brillo nublado de los místicos, como si quisiera ver lejos, muy lejos, el cielo inalcanzable donde giran los astros, matemáticos e impasibles.

Cuando regresó de su paraíso estaba llorando. Permaneció recostada en el hombro de Martín, encogida como un recién nacido, la pierna izquierda flexionada sobre su muslo, sintiendo que no podía detener el flujo de sus emociones, enternecida y confusa. Martín la consoló, silencioso, acariciándole la cabeza, sin comprender la razón de aquellas lágrimas. Permanecieron en la misma posición, como una pareja de amantes que ha sido esculpida en la misma piedra, condenada a la eternidad del abrazo. Cuando comenzó a vestirse, Martín le pidió que se quedara. Pero Ana no tuvo ninguna duda. Le dio un beso en la frente, y trató de convencerlo de que nada le pasaría mientras manejaba hasta la finca. Apenas eran las nueve, ella estaba acostumbrada a irse a esa hora. Antes de salir reparó en una fotografía que lucía enmarcada sobre la mesa de noche. Mostraba un muchachito de piel canela y pecas, con unas enormes pestañas rizadas. La tomó en sus manos para detallarla. Ese rostro le resultaba conocido. Se concentró un segundo, cerrando los ojos.

—Es mi hijo —dijo Martín, que la observaba—. ¿Verdad que es hermoso?

—Hermoso como su padre —dijo Ana, reconociendo a Aramís, el empalagoso mosquetero.

5

Ana entró en la noche con una confianza que nacía de la determinación. Recorrió sin dubitaciones las treinta cuadras que la separaban de su objetivo, sintiendo una libertad que la sorprendía, como si hubiera dejado abandonada una mochila con sus documentos de identidad, su libreta de citas, su chequera, sus miedos, las cadenas que la ataban a su mundito de tres por cuatro, y hubiera caído gratamente en la nebulosa de la no identidad, del dulce anonimato, del afantasmamiento. Sentía un vértigo exultante, un delicioso escalofrío que la predisponía a favor de esta ciudad desigual que se iba abriendo en verde y cerrando en rojo, olorosa a humo de exhosto y a polen y a noche reciente, atravesada de peatones a saltos que se reían de la muerte en cada esquina y de ladrones avizores y vendedores extenuados resignados a sus vidas infames. Los edificios mediocres, las viejas casas estilo inglés convertidas en mezquinos inquilinatos, los almacenes que cerraban sus puertas con un estruendo de metal, la rodeaban con una ternura nueva como dándole la bienvenida a un mundo desconocido.

Aparcó en la calle, caminó cuadra y media hasta encontrarse al frente de la estrecha puerta abierta en el muro, y entró de manera resuelta en el corredor serpenteante, angosto y extenso, que anunciaba ya el universo de brumas en el que finalmente desembocó. La oscuridad era más aguda de lo que se imaginaba, de modo que los relámpagos azulosos de los reflectores enceguecían en vez de iluminar, creaban vibraciones desestabilizadoras, ondas fulgurantes por las que habrían podido pasar nadando peces gigantes. Se movía sin dificultad pero sintiendo el roce de hombros y brazos, el olor salado de los cuerpos que brillaban por momentos, un hombro desnudo, un ombligo, una espalda donde alguien había pintado un ángel. No reconocía fácilmente los espacios, quizá porque hoy la asistencia era enorme, el apiñamiento total, quién sabe qué se celebraba, los jueves empezaba a subir la marea de la rumba, pero en verdad quién era ella para opinar.

En la barra no estaba el chico aquel de las gafas de seminarista, ni tampoco se veía el grandote de la cola de caballo —¿Edgar, Samuel?— pero no sería mala idea tomarse un trago fuerte, un tequila tal vez, disfrutando de la penumbra, esperando que apareciera su ángel con cuello de ánade, pues aparecería, estaba segura, desde aquí la contemplaría un rato en silencio, para dejarla ser, para poder verla moverse a gusto en este espacio propio, una anémona en aguas profundas, y luego la abordaría con delicadeza, como si el azar las hubiera juntado, como si la vida las hubiera juntado. Ya estaba bien de silencio, de sufrimiento, de delicadeza. Los llamados de Gabriela eran claros, se decía, señales de ahogado, consignas que esperaban respuesta, golpecitos en clave que ella se había empeñado en no oír. Ni siquiera harían falta las palabras. Bastaría un gesto, un movimiento dictado por ese turbión alocado de sus urgencias, y podrían volar más allá de cualquier frontera, clavar mojones nuevos, apenas si mojones, no cercas, no banderas, un territorio íntimo, que no oculte ni exhiba, tan natural como lo que crece y un buen día empieza a agostarse y a morir, sabiamente.

El tequila estaba cortante, salado, ácido, pasaba como una tea por la garganta, le avivaba los ojos. Ana se despojó de su chaqueta. Su suéter color té se había convertido en malva, su piel era en este minuto azul delfín, en este otro verde bilioso. Por su columna subía el trance con pulsaciones trepidantes, se extendía por la corteza cerebral, hacía tum-tum en sus sienes, haciéndole cerrar los ojos. En aquel círculo que se abría frente a ella sólo había un enorme yo mirando hacia adentro, un yo multiplicado en cuerpos que obedecían visceralmente al ritmo de la sangre, acoplados al cosmos desde su terredad, con sus pequeños cerebros iluminados como soles perdidos en galaxias autistas. Ahora hay un muchacho muy joven que se acerca a ella, le pide fuego, la toma suavemente de la mano, casi con la punta de los dedos. Tiene una camiseta gris que se pega a su piel empapada en la espalda y en el pecho. Ana alcanza a sentir el olor chirriante de su piel, que no le desagrada, por el contrario, la hacer sentir un pálido deseo. Bailan uno al lado del otro, como figuras de un reloj de péndulo, hermanados por corrientes secretas, de vez en cuando se rozan, húmedos, soñolientos. ¿Cuánto tiempo ha estado allí, viendo a ráfagas esa cara asimétrica, de una belleza perturbadora? Ana se deja tentar, se deja ir, Ana-niña, Ana-adolescente, Ana-ciega, Ana-danzante, el mundo es un círculo, y el yo en el centro, todos y nadie, sólo el presente y este calor en la cara, en el cuello, la humedad en las axilas y el escozor en la garganta, la lengua pesada y un resplandor que viene de adentro y se queda a vivir en los párpados, rojo sangre, amarillo, verde a ráfagas, un escenario para ti, que fluyes de la noche, que vienes hacia mí con los ojos cerrados, una visión con alas de libélula, una doncella de garganta inmaculada dispuesta a los cuchillos del verdugo, de tus heridas manaría un chorro cálido, un chorro rojinegro, como esta sombra que me vela los ojos, que me baña como un agua nueva, que me convierte en todos y nadie, nadie, nadie, hasta que me señales con tu dedo, me lleves aparte, me marques en la frente con tu beso de fuego, me bautices, me pongas un nombre y sea una luna en tu noche llena de fantasmas y de fiebres y de fugas.

Ve el rostro de aquella mujer muy cerca del suyo, y se alegra de reconocerla, pero cuando intenta decir su nombre vacila, no encuentra la clave, el rostro se desdibuja. Alguien la toma de la mano, la conduce, pasan una puerta agachándose y entran en otro laberinto, bajan una escalera, y otra caverna se abre allí abajo, más iluminada, otra música, olor a comida, risas.

—¿Quieres comer algo?

—No quiero.

—Duérmete querida, extiéndete si quieres.

La despertó el sol sobre la cara, la bola viscosa en la boca del estómago, el filo de piedra de moler entre las cejas. Se incorporó de súbito, aterrada, palpándose instintivamente, sin reconocer aquellas paredes ocres, los estantes repletos, la sala que empezaba a tomar forma frente a sus ojos. Alguien tocaba su cabeza con gesto cariñoso, la tranquilizaba.

—No vas a poderlo creer.

—Dios mío…

—Que Dios existe, existe…

—¿Cómo vine a parar aquí? Explícame. Y tú… esto es de locos.

—Me temo que interferí y dañé algo que se estaba armando. Pero no estabas propiamente sobria… Me dio miedo dejarte así en brazos de tu joven galán…

Ana se excusaba ahora frente a su amiga, a quien no veía hacía dos años, por lo menos, ya no sabía muy bien si por negligencia o por qué otra razón, pues era un ser adorable, quizá más adorable de lo deseado, un poco chiflada, es verdad, pero llena de frescura y de sentido del humor.

—El hijo de Chepe es uno de los dueños de *Circe*. A veces vamos a echarle una mano. Pero vas a tener que explicarme qué hacías allá, emborrachándote con ese infante.

—Esto es inverosímil.

—Pues fíjate.

—¿Qué hora es?

—Casi las once.

—¿Y a qué hora me trajiste?

—No era ni medianoche.

—¡Dios mío! ¿Y mi carro?

—Debe estar donde lo dejaste. No te preocupes. Estamos a tres cuadras. En la esquina del bar hay un celador.

—¿Y el bolso?

Como un ángel guardián, su amiga lo había recogido. Ana examinó su contenido y encontró que todo estaba intacto.

—Increíble, en este país de cacos.

Un momento después se tomó la frente con las dos manos. Era algo más que el dolor de cabeza: acababa de recordar que no había llamado a su casa en veinticuatro horas. Examinó su teléfono, pero estaba sin batería. Entonces pidió permiso a su amiga para llamar al celular que cargaba Memé para las emergencias. Nadie contestó su llamado.

—La pobre Memé no ha podido aprender que debe cargar el celular. Y mi teléfono sigue dañado.

—Si hubiera pasado algo malo, se sabría. Ven y te tomas una taza de café.

—Primero me gustaría bañarme.

—Claro. Tu toalla es la de caracoles verdecitos.

Sentadas en el modesto comedor, Ana reconocía aquel entorno familiar al que no había regresado desde hacía tanto tiempo, por negligencia mutua, por esos imperdonables descuidos que hacen que la brecha de un mes se convierta a menudo entre amigos en una brecha de años, y recobraba la memoria de sus particularidades. Siempre había admirado en aquella amiga suya, hija de una adinerada familia, una austeridad y simplicidad de costumbres que no reñían en nada con un enorme gusto de vivir. Ahora que veía el árbol de Navidad que había hecho con su hijo de diez años no pudo menos que sonreír: era ya febrero, y un esquelético chamizo revestido de algodón y adornado con bolas de colores y estrellas y animalitos totalmente kitsch, seguía allí anunciando que diciembre había llegado alguna vez a aquella casa. La divertían también las tendencias new age de su amiga, rezagos de un hippismo que se negaba a desaparecer, aunque permeado por muchas otras cosas. Las velas encendidas, el té verde, la horrible música con el sonido de mar de fondo, los libros sobre comida vegetariana, las esencias florales sobre la mesa, todo aquello rimaba con la proposición que ahora le hacía:

—Acompáñame, que me van a leer las piedras.

—Dirás las runas.

—No, las piedras. Es algo muy novedoso.

—Tendría que estar loca. ¿Vas a gastarte la plata en esa estupidez?

—Es algo que te va a encantar. El solo hecho de ver las piedras vale ya la pena. Pero además la mujer es acertadísima.

—Ni de riesgos. Como santo Tomás, sólo creo en lo que puedo ver y oler. Además, me espera el trabajo y tengo la cabeza como una tumba con este guayabo.

—¿Te rescaté de las aguas de la perdición y ahora me vas a dejar sola a mediodía? Ya untado un dedo untada toda una mano.

—Déjame llamar a la galería. Tengo guayabo moral.

Todo estaba bien, sin novedades mayores. Por la mañana había llamado Memé, indagando por la señora Ana, porque el doctor había estado indispuesto, con indigestión, pero ya parecía mejor. Que apenas pudiera la llamara.

Recuperaron el carro de Ana, lo pusieron frente al edificio —el portero lo cuidaría; además no era buena idea que ella manejara, con este sol, con este malestar— y una hora después estaban, no en una pieza sórdida de un barrio perdido, como se imaginó Ana, sino en una casita de campo en los alrededores de Chía.

—Es una antropóloga que cambió su profesión porque ésta le resulta más rentable —explicó su amiga—.

Vive de esto y de una microempresa que le dejó su marido, una deshidratadora de tomates.

Entraron. Las recibió una mujer madura, rosada, de ademanes pausados, vestida de jeans y botas de gamuza. Atravesaron un patio, donde brillaban decenas de tomates entre enormes artesas de madera, en canecas pintadas de colores, en el suelo, donde los más maduros se desleían al sol impregnando el aire con un olor dulzón. Un enjambre de mosquitos miniatura formaba nubes oscuras sobre esos toneles. Las mujeres debieron caminar con cuidado para no resbalar en los tomates aplastados que se abrían como bostas de sangre. Luego entraron a una salita reducida y oscura, que evidentemente era el producto de una remodelación forzada, y caminaron por un corredor estrecho flanqueado por dos habitaciones. En una de ellas una mujer muy anciana yacía en la cama, con los ojos cerrados. Su cara finísima tenía la palidez y la inexpresividad siniestra de las estatuas de cera. Un olor a medicinas se superpuso al silvestre de los tomates.

—Es mi madre —dijo la astróloga, deteniéndose en la puerta de la habitación, como si aquélla fuera la primera parada de un tour previsto—. Hace ya diez años que está en estado de coma. Miren ustedes cómo se conserva. Nadie pensaría que este año cumple ochenta y seis años. Tuve que traerla a vivir conmigo, porque mi padre murió hace dos. Y bueno, perdonen, en esta casita que construí yo misma no hay mucho espacio. Ésta, de hecho, es la habitación más ventilada. Y aquí funciona la despulpadora.

En efecto, en la habitación contigua una máquina cumplía su tarea, accionada por un muchacho en overol. La escandalosa catarata bermellón era expulsada por dos tubos, de modo ciertamente primitivo, sobre baldes de plástico que eran reemplazados ágilmente por el operador, que pese a su destreza no podía evitar que el chorro cayera al piso, de modo que sus botas chapoteaban en medio de la pulpa descarnada. Sus manos destilaban también, como las de un asesino que termina apenas su tarea. Sobre varios aparadores, al fondo del salón, se veían cantidades enormes de frascos etiquetados. El hombre saludó con una ligera inclinación de cabeza.

—Y ésta es Marta, la secretaria.

Marta, una muchacha delgada como una espiroqueta que se sentaba en una esquina de esa misma habitación, delante de un escritorio minúsculo y protegida por un biombo, saludó entornando sus grandes ojos famélicos. Aquella sobrepoblación, pensó Ana, era asfixiante.

Mientras esperaba a su amiga en la sala, se preguntó qué hacía ella en esta cabaña estilo Tío Tom, con una amiga lejana, después de una noche extraviada que se prolongaba en esta jornada inaudita. Cerró los ojos y trató de recapitular. A su memoria venía el rostro de Martín, su jadeo amoroso, la imagen de sí misma bailando en la sombra de aquel bar, el olor a axilas de aquel desconocido, el fulgor de sus dientes guerreros, y otra vez Martín con los ojos cerrados, ella estirándose en una banca de madera, y el rostro de mujer que bajaba hasta su rostro y la reprendía con ternura. "Estoy llevada", pensó, sorprendiéndose de esa expresión vulgar que solía oír en labios de María José. Sentía un dolor agudo en la boca del estómago, un ligero dolor de cabeza, pero sobre todo una angustiante desazón. Un teléfono, eso era lo que necesitaba. Pero no, ¿a qué llamaría? Definitivamente estaba perdiendo el rumbo. Una mujer cuerda, como ella, una mujer con obligaciones, con motivos para vivir. ¿Con motivos para vivir? Vendería esa casa que le había chupado la sangre, cedería la galería, y se dedicaría a pintar, sí, pintaría, independientemente de la idea de éxito y reconocimiento. Continuaría aquel proyecto en el que estaba embarcada, lo llevaría a su culminación, se comprometería hasta los tuétanos con esos cuadros que ya imaginaba, que pugnaban por salir uno tras otro. A propósito, el que ahora tenía entre manos… quizá había fallado en la composición. Debería adensar más la atmósfera de esos amarillos, enturbiarla con un gris. ¿Pero qué tenía de malo llamar? Tal vez Gabriela tenía miedo, eso era todo. Huía porque también en su corazón había perturbación. Pero si ella jamás había dicho una palabra… Llamar, oír su voz ¿Qué tenía eso de malo? ¿Qué tenía eso de malo? ¿Qué tenía eso de malo?

Se levantó y se dirigió a la oficina a solicitar un teléfono. Debió pasar por el frente de la habitación de la anciana y no pudo evitar mirarla, detenerse en aquel rostro de bruja color sepia. Cuando, sigilosa, llegó a la puerta del cuarto contiguo, algo la detuvo en seco: el hombre del overol besaba apasionadamente a la secretaria, apretándola contra la pared, detrás de la despulpadora, que seguía sonando estruendosamente, pero de cuyo vientre ya no chorreaba nada. Le había levantado la blusa, y sus manos enrojecidas acariciaban los pechitos lánguidos, de una blancura de rana. Ana quedó allí, inocentemente petrificada, los ojos clavados en aquella inesperada escena grotesca. La fuerza de su mirada debió alertar al hombre, que volteó sorprendido la cabeza, soltando a su presa de manera tan brusca y asustada que ésta se tambaleó y, como amenazaba con caer, se asió sin pensar en el anaquel del costado, haciéndolo temblar, perder el equilibrio, anunciar amenazante el estropicio futuro, que el hombre intentó detener aspándose de brazos, fracasando, porque ya se venían los frascos encima, se rompían con estruendo, esparcían su ácida pócima sobre las piernas de mirla de la muchacha. Horror.

—¿Podrían prestarme el teléfono? —se oyó decir Ana de forma extemporánea.

En vez de llamar, pues, se ocupó con aquellos desventurados en reparar medianamente el daño, sosteniendo aquí un balde, aquí un trapo, mientras consolaba a la muchacha, que al llorar producía un gemido lastimero y de vez en cuando cruzaba en silencio su mirada de gansa con la de su embadurnado amante.

Pasado un rato oyó venir a las dos mujeres. Su amiga, que lucía una gran sonrisa, la animó a someterse a la prueba de las piedras. Ana, valientemente, se resistió.

—Con perdón suyo —dijo dirigiéndose a la antropóloga—, soy escéptica total en cuestiones esotéricas.

—¡Pero si de esoterismo no hay nada aquí! —protestó dulcemente la mujer—. Mi humilde ciencia no es sino una derivación de la cristalografía, a la que me he dedicado por años. Y mis piedras, que son mi orgullo, el producto de muchos viajes e indagaciones en otras culturas. Pero respeto su posición. Si algún día se anima, viene, y verá qué hermosa es mi colección y las energías que irradia. Porque no hay que olvidar que estamos en un universo donde todo es cuestión de energías, ya sea electromagnéticas o potenciales o radiantes o solares o térmicas, y que nosotros somos, antes que todo, cuerpos energéticos.

—¡No sabes de lo que te pierdes! —acotó, implacable, la amiga.

La palabra energía había logrado hacer mella en Ana, debilitada como estaba por una noche de ejercicio físico y emociones. El hecho de que todo estuviera enmarcado en el ámbito de la ciencia geológica, y viniera de una antropóloga a la que de repente imaginó viviendo por temporadas con tribus malasias o polinesias, logró desestabilizarla por un instante. Pero fue sobre todo la curiosidad infantil de ver aquel tesoro escondido lo que terminó por vencerla.

—Listo —dijo—. ¿Cuánto vale?

Hizo esta pregunta animada por el mínimo de sentido común que le quedaba en esta mañana, pues sabía que tenía muy poco dinero en la billetera.

—Eso es lo de menos —dijo la antropóloga—. Si no tiene, me queda debiendo.

Ana entró a la habitación como un niño al que le han abierto la cueva de los cuarenta ladrones o del tesoro de Aladino. Y no se defraudó. El pequeño cuarto de madera, alfombrado, rodeado tan sólo de estantes como aquellos que sostenían la pulpa envasada de los tomates, lucía piedras por todas partes. Se amontonaban en cajitas de vidrio, en bateas que reposaban en el suelo, y sobre el tapete, en la mitad de la habitación, formando un rombo.

—¡Quítese los zapatos! —ordenó la mujer.

Ella se hizo en un extremo del rombo, sentada en posición de loto, y Ana en el otro extremo, de la misma manera. De alguna parte surgía, dulce y vivaz, la música de uno de los conciertos para piano de Mozart.

La antropóloga hizo para Ana una breve explicación introductoria: habló de las formas de cristalización de las piedras, de cuándo se puede hablar de árbol de Diana, de Marte, de Saturno, de la magia de las aristas en forma de aguilón o de mocheta, de las diferencias entre los cristales isoédricos y los isógonos y la importancia reveladora de la goniometría.

Fue tomando en su mano una por una algunas piedras, señalando sus nombres y sus procedencias, haciéndoselas sostener a Ana, observarlas, apretarlas.

—Ésta es una sanguinaria, que es una forma de ágata, y dicen que contiene las hemorragias; ésta, más translúcida, una cornalina, que es una variedad de calcedonia; ésta es la piedra nefrítica, que no es sino una forma de jade, a la que en la antigüedad se le atribuían poderes curativos del riñón; éste es un lapislázuli del sur de Chile, éste un ópalo noble: palpe su densidad; a ésta la llaman ojo de gato y ésta, humilde, es la piedralumbre, a la que también la llaman piedra de chispa...

Con el dedo señaló una tras otra las que formaban el rombo misterioso, ámbar, turquesa, ónice, piedra de las amazonas, y luego pidió a Ana que escogiera tres y que buscara tres nombres que asociara rápidamente con ellas. Ana tomó una turmalina negra, oblonga y achatada, marcada por anillos ambarinos:

—Ana —dijo.

Luego señaló una piedra bronca, terrosa, de ásperas aristas oscuras.

—Emilio —dijo.

Por último, tomó en su mano un cuarzo transparente y astillado como una estrella invernal. Mientras pronunciaba el último nombre, lo apretó y cerró los ojos, como si estuviera en un templo, como si en verdad estuviera esperando una revelación.

6

Cuando salió de aquel lugar, hora y media después, se encontró con que su amiga se había ido y le había dejado una nota: "Aniani: tuve que irme porque tenía una cita. No te preocupes, tomaré un taxi en la plaza. Te dejo las llaves de mi carro. Déjalo al frente de mi apartamento, cuando puedas. Espero que hayas podido penetrar en tu universo de fuerzas".

Ana salió, perpleja. Dentro de esa habitación había hablado sin tregua, impulsada tal vez por la energía mesmérica de las piedras, había vaciado su intimidad, había llorado, desanegando su corazón, mientras apretaba entre sus manos un trozo de obsidiana como si fuera un talismán y, para colmo de horrores, había vaciado sus bolsillos, porque había sido despojada, con la más cordial de las sonrisas de la antropóloga, de sus últimos cien mil pesos; ahora, pelada e inerme como un pollo que va a las brasas, trataba de abrir el viejo Studebaker de su amiga, sin lograrlo. Ya adentro, se sintió como en una de aquellas películas americanas en que un pillo sin futuro recorre el país en un carro robado. Nada allí funcionaba enteramente: el espejo retrovisor había sido remendado con cinta aislante y no admitía giros, el asiento estaba muy lejos del timón y su mecanismo estaba trabado, y el vidrio de la ventanilla del conductor no subía sino hasta un punto, de modo que la llovizna menuda que empezaba a caer le mojaba la cara. Salió con esfuerzo, porque echar reversa en aquel automóvil parecía necesitar de manual, pero ya en la carretera no pudo menos que esbozar una sonrisa. Las últimas veinticuatro horas habían sido una cadena de insensateces que nunca imaginó. Miró el reloj: las tres y diez. Debía llamar a la galería o corría el riesgo de que, alarmados por su desaparición, terminaran pensando en llamar a la policía. Así que estacionó al lado de un teléfono público. Pero ni éste funcionaba ni en los más oscuros recodos de su bolso logró encontrar una sola moneda. Retomó el camino con otra tensión: la aguja del Studebaker indicaba que estaba prácticamente sin gasolina. Cruzando los dedos para que sucediera un milagro, manejó por una autopista en reconstrucción, llena de baches, obstáculos, buses dementes y camiones sin compasión, buscando inútilmente un cajero automático. Cuando se acordó, estaba a unas pocas cuadras de la galería. Hacia allí se dirigió para hacer una parada, aprovisionarse de dinero, mirar si había cosas urgentes qué hacer y reportarse. Luego llevaría el carro de su amiga hasta La Soledad y recogería el suyo. Todo el día perdido, pensó. Cuando se bajó del carro la lluvia menuda se convirtió en un inclemente aguacero.

—Llamó Memé —informó la secretaria— a averiguar si doña Ana estaba, porque parece que el doctor no se siente bien.

—¿Qué más dijo?

—Que tiene un poco de fiebre.

—Será una gripa. ¿Algo más?

—Ah, sí, llamó Gabriela.

—¿Gabriela?

—Sí, señora Anita.
—¿Y qué dijo?
—Nada.
—¿Nada?
—Dejó un número.
—Llámala, por favor.

La secretaria anunció que Gabriela había salido ya pero que al teléfono estaba una amiga suya que quería hablarle. Ana pasó. Una voz se presentó como Violeta y le dijo que Gabriela había salido hacía dos horas pero que le había dejado razón de que viajaría a Lyon esa misma noche y le habría gustado despedirse. Había dejado una cartita para ella que debía recoger.

—¿Se va esta misma noche? —casi gritó Ana.
—Sí.
—¿A qué hora?
—Creo que el avión sale a las diez.
—¿Y sabe usted quién iba a llevarla?
—No tengo la menor idea. La verdad conocí a Gabriela hace apenas tres días. Yo estoy de paso y si no estoy mal ella no hace ni dos semanas se pasó a vivir aquí. Me parece, por lo que me dijo, que no estaba interesada en que se supiera dónde estaba.

—Voy ahora mismo por la carta. ¿Usted va a estar ahí?
—Sólo una hora más. O tal vez hora y media. Hasta las cinco y media o seis.

Ana apuntó la dirección mientras miraba el reloj: las cuatro y cuarenta. Tenía una hora, más o menos. Apenas.

—¿No podría dejármela con alguien?

La voz del otro lado se impacientó.

—Mire, señora, no he visto a la tal Gabriela más de cinco horas seguidas y ya es mucho que me haya comprometido a esto. Ya le dije que estoy de paso en esta casa y hoy tengo que salir. No hay portería ni nada que se le parezca. Así que si le sirve voy a estar aquí hasta las seis más o menos.

Ana colgó, furiosa. Iría, claro que sí. Pero debía echar gasolina al reque de su amiga y depositarlo en su lugar. Tal cosa le demandaría un mínimo de una hora. Y además la dirección en que Gabriela había dejado la carta era en la mierda. Claro que podría ir otro día por ella. Pero ¿quién le garantizaría que la tal Violeta no echaría el sobre a la basura? Además, y sobre todo, no era capaz de esperar. Quizá lo mejor sería invertir las cosas: iría primero por la carta y después a La Soledad. Y luego, por supuesto, después de recuperar su carro, al aeropuerto: pues no tenía ninguna dirección en Lyon y la bruja de la madre o el truhán del primo quizá no quisieran o no pudieran dársela. Tenía el tiempo contado. Si Gabriela viajaba a las diez debía estar llegando al aeropuerto a las siete y media.

Así que Gabriela se marchaba. No a Cartagena, a Barranquilla, a Medellín, sino a Lyon, a vivir con un desconocido, con un ser imaginario, quizá un sátiro o un pobre diablo, vaya uno a saber. Gabriela se iba de repente, sin previo aviso, a escondidas de todo el mundo; en verdad Gabriela la abandonaba, impasible, despiadadamente. O quizá no. Debía ver esa carta, de inmediato. Quizá hubiera ahí una clave, un secreto pedido de auxilio, la declaración que personalmente nunca se atrevió a hacer. Aceleró, pero el carro era testarudo y se tomaba su tiempo, resoplando, como una bestia mal herrada. Ay, Gabriela ingrata, Gabriela cruel, oscura, Gabriela, pequeña arpía sin remedio. Te voy a encontrar, te voy a pedir que te quedes, te voy a rogar que te quedes, arrodillándome si es necesario.

El centro de Bogotá era un inmenso lodazal sin orillas. Las calles que no estaban en reparación, cerradas por deterioradas cintas amarillo y negro, con maquinaria dormida que obstruía el paso, habían sido destruidas de tal modo por los automóviles que era casi imposible sortear los enormes agujeros, ahora repletos de agua y convertidos en trampas mortales. Cada tanto tiempo se veía un carro varado, con el capó abierto o una llanta pinchada. Pasó la diecinueve, llegó al caos de la Jiménez, enfiló por la cuarta detrás de una innumerable fila de buses que hacían sonar las bocinas con desesperación. La lluvia menguaba ahora, pero había oscurecido extrañamente temprano y el aire era tan húmedo como el de un cuarto de calderas. Pasada la calle sexta todo empezaba a ser un misterio para ella. Y todavía faltaban unas diez cuadras. Carrera tercera. Calculó que no debía ser muy lejos de Egipto. ¿Arriba o abajo de la circunvalar? Arriba no había nada, recordó. Aventuró unas cuadras más al sur y subió por la primera que pudo. Era un barrio de casitas tristes, inacabadas, recostadas unas en otras como enfermos desahuciados. Dos o tres niñitos, con botas de caucho, jugaban bajo la llovizna a patear los charcos. Dio vueltas inútiles, una y otra vez, sin encontrar la dirección, porque entre otras cosas casi ninguna casa tenía placa o la oscuridad dificultaba verla. Había muy poca gente en la calle, pero las dos o tres personas que interpeló la miraron con extrañeza y hostilidad y no le contestaron. En una esquina avistó, por fin, una tienda. Allí seguro que sabrían.

Se apeó. Tres hombres, sentados en bancos, tomaban cerveza. Con la dirección en la mano indagó a una mujer que se veía detrás del mostrador. Ella le ayudó, en forma solícita. Sí, no es que estuviera cerca, es que aquí era.

—¿Podría entonces hablar con Violeta?

—¿Violeta? —La mujer no conocía a nadie con ese nombre.

—Es que no vive aquí. Sólo está de paso. Dijo que me esperaba hasta las seis.

La mujer descorrió levemente una cortina roja, de tela, que separaba la tienda del resto de la casa y grito:

—¡Aurora!

Aurora vino, arrastrando los pies entre unas chancletas que le quedaban grandes.

—Aquí esta señora pregunta por una tal Violeta.

La mujer se concentró unos segundos, como si el nombre le resultara conocido.

—¿Violeta qué?

—Ni idea —contestó Ana.

—¿Es una carirredonda?

—No la conozco.

—Pues acá no es. Yo no sé de ninguna Violeta.

Tres muchachitos desmirriados habían venido a pararse detrás, guardando una prudente distancia.

—¿Violeta no será la sobrina esa de don Pachón, la que vino de Boyacá?

—Dijo que estaba de paso —se apresuró a aclarar Ana, ilusionada.

—Ésa es Mireya, no Violeta —aclaró la mujer que atendía.

Los niños habían entrado ya en la tienda, traspasando el mostrador. Rodeaban a Ana con unas caras muy serias, como si trajera alguna mala noticia.

—¿Qué dirección busca? —preguntó uno de los hombres—. No sea que no sea aquí.

Volvieron, esta vez entre todos, a revisar la dirección. Sí, ahí era.

—Copió un número mal —sentenció el hombre.

—O confundió la calle con la carrera —anotó Aurora.

Ana volvió al carro, subió, reanudó una búsqueda que ya sabía inútil. Dos vueltas más por el barrio —calles sin asfaltar, montículos de grava que han vaciado los vecinos para rellenar los huecos—, y se dio por vencida. Regresó, haciendo acopio de estoicismo para no entregarse a la rabia, a la frustración, a la tristeza. Ya en La Soledad, vio su carro como una isla plateada en medio de la calle. No quería perder ni un minuto —eran las seis y cuarenta y cinco— pero debía cumplir con el mínimo de entregar personalmente el carro a su amiga y dar las gracias. Así lo hizo, anunciando que iba al aeropuerto a despedir a una persona conocida y prometiendo para otro día el relato de la aventura con las piedras.

La veintiséis. Era la forma más rápida de tomar la avenida a Eldorado. Como la veintiocho estaba extrañamente congestionada eligió un atajo que conocía, recorrió dos o tres cuadras sin ningún problema y desembocó, finalmente, en la avenida treinta. Pero en dirección norte.

Para cruzar debía volver a subir —quizá la cuarenta y cinco, un giro, atravesar el puente— y devolverse. Pero la cuarenta y cinco estaba cerrada por un cordón policial y debió seguir de largo. Intentaría bajar por la cincuenta y tres. Siguió avanzando, lentamente, giró a la derecha cuando fue la hora, y a la derecha siempre hasta desembocar de nuevo en la avenida. Lo que vio del otro lado de la treinta la llenó de desconsuelo: la enorme masa de carros apenas si se movía por el carril occidental, con enorme dificultad. El central, desbordado de automóviles, estaba enteramente paralizado, y algunos de los conductores, como caravaneros en el desierto, habían abandonado su lugar y oteaban un horizonte inexistente. Los buses y las camionetas habían encontrado la forma de atravesar de una vía a otra violando el enorme separador, y se balanceaban con su carga de pasajeros como trasatlánticos en la cresta del mar tempestuoso. Hacía siete grados centígrados, pero sobre el labio de Ana se formó un surco de gotitas plateadas.

Con la obcecación brutal de un tanque de guerra se fue abriendo paso lentamente, ganando mil batallas por cuestión de centímetros. A las siete y media había avanzado cinco metros y estaba lista a lanzarse a la aventura irracional de cruzar el separador. Calculó, impasible, las medidas del obstáculo. Nunca había violado una ley: había llegado, por fin, el momento de violarlas todas. Con la camisa empapada y todos sus radares alerta metió primera y trepó al sardinel. Aceleró, y las ruedas patinaron con un chasquido. Sintió cómo las latas de la carrocería raspaban el cemento. Las bocinas de los buses sonaron detrás, inclementes. Con las rodillas temblorosas, lo intentó de nuevo. El carro, con un corcoveo desesperado, atravesó el obstáculo dignamente y se abismó a un nuevo mar, menos denso e impenetrable. Había que escapar de allí. Diez minutos más tarde bajaba por unas callecitas estropeadas, sin saber muy bien en qué dirección se movía. Gabriela sabría esperar. Gabriela, Gabriela. Imposible que no pudiera escapar de esta trampa mortal. Examinó las coordenadas, dio un giro a la derecha, avanzó siete cuadras, volteó a su izquierda. Allá, a lo lejos, brillaba el semáforo de su esperanza. Listo. Otro giro a la izquierda, uno a la derecha y estaría en la ruta al sur, que desde aquí se veía extrañamente despejada, como si todos hubieran comprendido de repente que había que abrirle paso a esta mujer de determinaciones totales, divinizada por el esfuerzo y el deseo. Un policía de tráfico, con botas de verdugo, le cerró el paso.

—Voy hacia el aeropuerto —suplicó Ana.

El policía se limitó a indicarle, alargando el brazo, que debía cruzar a la derecha. Ana calculó que el solo desvío le tomaría veinte minutos.

—Voy hacia el aeropuerto, señor agente —insistió, con una sonrisa mortal.

—Este giro está prohibido, señora.

—¿Desde cuándo?

El hombre no respondió.

Ana lo miró por primera vez. Era un pigmeo de mirada congelada y bigote ralo. Lo único en él que inspiraba autoridad eran las botas.

—¿Y dónde dice que no se puede cruzar? —se envalentonó Ana.

El hombre miraba al horizonte con sus ojitos de cerdo. Tampoco esta vez contestó. Los automóviles hacían sonar sus bocinas con desesperación asesina.

—¿Cuál es la señal, si se puede saber?

El pigmeo la miró a los ojos y permaneció en silencio. Con la mano izquierda hacía gestos impacientes indicándole que se apurara. Tenía la barbilla mal afeitada y la nariz llena de puntos negros.

Ana intentó otra cosa, sacando su cabeza ligeramente por la ventanilla.

—Voy a perder mi avión...

El policía la miró con mirada esquiva.

—Sea bueno, señor agente —insistió Ana—: déjeme cruzar.

El hombre esbozó una semisonrisa irónica. Sus dientes eran pequeños y filosos, como los de una zarigüeya.

—¿Tiene mucho afán?

Ana le respondió la sonrisa.

—Sí señor.

—Entonces despeje, por favor. Los otros también lo tienen.

—Pero siempre se ha podido cruzar por aquí...

El policía sacó su libreta.

—Súbase al andén, hágame el favor. Voy a ponerle una sanción por estar perturbando la movilización...

Ana hizo un último intento, esta vez airada:

—¡Usted no puede!

Sin embargo, guiada por los más profundos mandatos recibidos en la infancia, se dispuso a acatar la orden y a estacionarse con docilidad donde el agente le indicaba. Buses, automóviles, camiones, pasaban a su lado con enorme estruendo. El hombre acercó su cara a la ventanilla. Ana sintió su aliento caliente.

—A la autoridad no se le replica, señora. Muéstreme sus papeles.

En ese momento, una grúa del Tránsito que avanzaba por la otra calzada, se detuvo a su misma altura. El conductor llamó a gritos la atención del agente. Este dio media vuelta sobre sus tacones, y se acercó al aparato, desentendiéndose por un momento de Ana. Ella vio por un segundo su espalda, los arreos blancos brillando en la noche, las piernas curvadas, antes de que en su cerebro penetrara una iluminación fulminante. Sintió que se le nublaban los ojos. Con brío de adolescente metió primera en forma sorpresiva y hundió el acelerador, avanzó tres metros y se lanzó al vacío que como un milagro dejaba el semáforo en verde, girando bruscamente a la izquierda hasta alcanzar la avenida desierta. En su nuca se clavaba el sonido del pito del agente, y en sus axilas miles de alfilercitos punzantes. Sólo se detuvo mucho más adelante, cuando un semáforo le bloqueó el paso. Temblaba como un prófugo perseguido por perros, y miraba desesperadamente por el retrovisor. Los números del reloj digital mostraron las ocho cero cero. Encendió el radio: Son tres los muertos y más de quince los policías heridos en el atentado perpetrado hace más de una hora en los alrededores de la Universidad Nacional. Volveremos con más detalles. Por ahora, en la sección de deportes, los comentarios sobre el partido del próximo jueves, donde Millonarios se jugará el todo por el todo con el Nacional.

No sería difícil encontrar a Gabriela en el aeropuerto. Las colas avanzan siempre con lentitud paquidérmica, y por temprano que hubiera llegado todavía debería estar en una de ellas. Cuando entró al enorme vestíbulo eran las ocho y quince. ¿Avianca, Iberia, Air France? No hay vuelos para Francia esta noche, señora, nuestro único vuelo a París despegó a las cinco y veinte. Ésta es la cola para el vuelo de Buenos Aires. En la pantalla: un vuelo Francfort-Madrid. Quizá ésa fuera la vía. Buscó en la enorme fila la cabeza desmelenada, el cuello de cisne, los ojos lentos. Pero sólo encontró caras desconocidas, la de una morena rizada, la de un ejecutivo de corbata amarilla, la de una mujer muy alta de sombrero y botas, la de una joven madre hecha un lío con un bebé en brazos. Todos secretamente asustados de la humillación posible, con las maletas absurdamente reforzadas de plásticos, delincuentes todos en potencia, narcotraficantes virtuales, deportados seguros si a un guarda alemán le daba la gana. Subió las escaleras eléctricas, ahogada, temblorosa como una pluma en lo alto de un sombrero, y fue hasta la puerta de internacional, atenta, todos los sentidos en guardia, no puede no estar, pero no estaba, quizá se esté tomando un café, sola, acompañada, pero no aquí, ni aquí, comprando una revista, tal vez esté en el baño, quizá con el trancón haya llegado tarde, esperaré aquí, es más seguro.

A las nueve y media decidió que se marchaba. Tal vez todo aquello era un sueño, un engaño, una equivocación. Tal vez Gabriela, silenciosa y brillante como una estrella nueva, tocaría mañana en cualquiera de sus puertas.

Cuando vio su casa, su casa de muñecas en la pequeña colina, brillando como una estrellita de oriente, se sintió como Hansel o como Gretel, sucios y extenuados después de una jornada de pesadillas. Sólo que ella era la bruja mala, despiadada, que por una inversión de las cosas se había perdido en pos de una quimera. Antes de abrir la puerta, Manuel se acercó a la ventana del carro y le hizo señas de que bajara la ventanilla.

—Una razón le dejaron, señora Ana.

—Sí, Manuel.

—Que se llevaron al doctor para la clínica Santafé. Memé le pidió ayuda a don Juanpedro porque se puso muy malo.

—¿Qué es muy malo, por Dios?

—No sé, pero Memé iba blanca como un papel.

—¿Hace cuánto salieron?

—No hace ni una hora. Antes de que escampara del todo. Porque el aguacero fue duro.

7

Ana no dio media vuelta en su automóvil para dirigirse a la clínica, no entró corriendo a su casa, como habría podido preverse, no se abalanzó sobre el teléfono. Abrió la puerta, despacio, como quien entra a la habitación de un enfermo e indaga si duerme, atravesó el vestíbulo iluminado —habían salido de afán, sin duda, había muchas luces encendidas—, vio cómo la gata, arrellanada en uno de los sofás de la sala, elevaba la cabeza, la miraba con sus ojos estrellados, los volvía a cerrar y se echaba de nuevo, desdeñándola, castigándola por su abandono. Subió la escalera cansadamente, su mano apoyada en la baranda de cedro, sintiendo su lisa superficie, su cálida reciedumbre. En la habitación de Emilio todo estaba en un orden aparente, el parqués sobre la mesita auxiliar, un pocillo con rastros de café, la bata de levantar colgada del perchero. Subió hasta el altillo, y se sentó en el sofá, como un paciente que llega al consultorio y se dispone a la espera; sus ojos registraron tela del brazo, los hilos percudidos y a punto de romperse, y por su mente pasó la idea de que habría que ponerlo en manos de un tapicero. Se zafó los zapatos y echó su cabeza hacia atrás. No cerró los ojos. En la pared del frente se mecía la sombra de uno de los árboles del jardín. Por primera vez en el día y de un momento a otro, como si se desprendiera de una naturaleza ultraterrena, sintió un hambre feroz, que le hacía doler las tripas.

Entonces vio su vida: una dura carrera de resistencia, un pedaleo forzado en que al llegar a la meta ganaba otra carrera. Jadear, luchar, perseguir, había sido durante años su dosis diaria, el modo de estimular su adrenalina, su manera de saber que no había muerto. Miró sus manos, la única parte de su cuerpo que delataba sus cuarenta y ocho años recién cumplidos. Vio las manchitas pardas que serían oscuras manchas de anciana en unos cuantos años. Se preguntó si había sido feliz alguna vez. Sin duda que sí. En aquella ocasión en que la lluvia la sorprendió con Emilio en descampado, y habían corrido a guarecerse, en medio de risas y exclamaciones, sorprendidos por la luminosidad de aluminio de la tarde, había sido feliz. También el día en que María José, pequeñita, perseguía entre risas el reflejo de su reloj de pulsera en la pared. O aquella vez en que Martín la miraba a los ojos mientras hacían el amor. Y en otras pocas ocasiones, cada una perfecta, transparente, temblorosa, como una gruesa gota de lluvia, prometedora y rotunda. Quizás eso fuera todo. Quizás eso fuera suficiente: por unas cuantas horas de dicha, muchas de memoria y olvido. Ahora, Emilio iba a morirse, se estaría muriendo o habría muerto ya. Martín envejecía, perdía el pelo, intentaba como ella recuperar el tiempo perdido. Gabriela, dondequiera que estuviera, giraría siempre sobre sí misma, iluminando a los pequeños satélites de su galaxia. Todos desaparecerían, tarde o temprano, de su memoria y de la de los demás, así como de ella tampoco quedaría rastro en unos cuantos años.

Sintió un desaliento infinito. En aquel sofá beige arruinado por la gata decidió rendirse, claudicar, cerrar los ojos y morir. Pero las cosas no son tan fáciles: su corazón seguía latiendo, su cuerpo seguía segregando fluidos y sus pulmones funcionando, su mente dando vueltas en torno a cientos de pequeñas cosas que eran todo lo que ella era o poseía; allá afuera —desde aquí la veía por el triángulo de la ventana— estaba la dulce noche sabanera, el cielo despejado sobre un mundo que se desdibujaba. Y frente a ella la sombra de aquel árbol, meciéndose. Todas sus sensaciones eran vivamente físicas: el hambre en su estómago, la angustia más arriba, abriendo un vacío ardiente en el plexo solar, y en el pecho la tristeza, como una opresión, un ahogo que pugnaba hacia la garganta, hacia los ojos. ¿Dónde nacía el amor, que dolía de esta manera? Lo único de lo que ahora estaba segura era de que, para ella, éste no había sido una excusa para huir, sino la única forma de apoderarse del mundo, de sentirse el centro de un universo lleno a la vez de esplendor y miseria. Recordó el verso de Cernuda: "El amor es lo eterno y no lo amado". "Aunque a veces lo amado es el amor", se dijo, sintiendo el ronroneo de sus tripas, los pálidos latidos de su persistente corazón.

Llamó a la clínica, preguntó por urgencias, se informó sobre Emilio. Se puso de nuevo los zapatos, bajó a comer algo, se lavó las manos y los dientes, evitó mirarse al espejo, le hizo un saludo a la gata y salió. Dejó las luces del vestíbulo encendidas. Quizá pensaba en ladrones o en fantasmas.

8

Una semana después, muy de mañana, Ana recibió una llamada inesperada. Todavía entre sueños, confundida, reconoció la voz bronca, ríspida, de Larry, que indagaba por Gabriela. Ana, sobreponiéndose, distante, contestó que no tenía la menor idea: no estaba dispuesta a dar explicaciones.

—Más vale que diga la verdad, señora. Éste es un caso de policía.

—¿Qué quiere decir? Explíquese.

—La mosquita muerta sacó las uñas.

—Mire, señor... no me interesa saber nada de eso a estas horas. No son ni las siete.

—Se trata de un robo... y más vale que la alerte.

—¿Un robo?

—Ella y el malparido ese del primo. Mucho dinero, señora, para que lo sepa. Sabían perfectamente dónde estaba. Violaron la chapa de la caja, se llevaron hasta los papeles. Y desaparecieron.

—¿Qué caja? ¿De quién?

—Mía. ¿De quién iba a ser?

—Cuénteme, ¿qué lo lleva a pensar que fue ella?

—Ellos.

—Bien, ellos.

—No aparecen. ¿Quiere una prueba mayor? Gabriela hace más de una semana que no va a la universidad.

—Pues a mí no me pregunte. No tengo la menor idea.

—Si llega a llamar, ya sabe, está en la obligación de avisar. Tiene una orden de caución.

—Sí, señor.

Ana, acodada en la almohada, la otra mano todavía sobre el teléfono, visiblemente furiosa con ese hombre impertinente, pensó que no era posible, que Gabriela era incapaz de robar, que era una calumnia. Estaba claro que no era Gabriela, sino ese horrible tipejo, ese primo vicioso y repelente que se había aprovechado de la ausencia de la muchacha. No sería ella la que iba a delatarla, a decirles que había salido del país. Pero ya no la abandonó el malestar que le causaron sus palabras, y una y otra vez volvió a oír en su mente esa voz, a repasar sus recuerdos en busca de algún lejano indicio.

Emilio agonizó durante catorce días. Murió el diez de marzo, a las dos de la madrugada, sin haber recuperado nunca el conocimiento. La gente que asistió al entierro no dejó de admirar la valentía y el estoicismo de Ana, quien después de cuidar abnegadamente al enfermo durante tantos meses no derramó ni una lágrima. María José, al contrario, se entregó al dolor de manera desconsolada y lloró sus ojos durante tres días; pero una vez pasado este tiempo pareció recobrarse de la inmovilidad de la pena y entró en acción con todo el brío de que fue capaz. Ayudó a Ana a vaciar el clóset de Emilio, a revisar su escritorio, a descolgar los cuadros y diplomas del consultorio. Como si ya no pudiera parar, y en alianza con Memé, Ana se dio a hacer cambios a diestra y siniestra. Una de las cosas que hizo fue convertir la habitación de Emilio en su nuevo estudio. Hasta ella trasladó su caballete, sus mesas, sus pinturas, los cuadros que había estado pintando en los últimos dos meses. Era una disposición absurda, si se tiene en cuenta que la de Emilio era una habitación mucho más cómoda que su altillo, más adecuada para dormitorio que como lugar de trabajo, pero Ana se empecinó en ella contra el parecer de los demás y a pesar del aire ofendido de María José, que parecía juzgar los cambios como una profanación. Pelearon tantas veces, por éste y por tantos motivos, que Ana empezó a desear que se fuera. Sin embargo, después de dejarla en el aeropuerto, la tristeza y la culpa parecieron vencerla, como se dijo al principio de esta historia.

9

Ana había tomado la decisión de asumir enteramente su soledad. Por eso, rechazó el ofrecimiento de Malena de ir a dormir con ella en la noche del domingo y le pidió a Memé que se tomara quince días de vacaciones. Eso no significaba, ni mucho menos, que hubiera alcanzado la paz. Cuando, desasosegada como estaba, entró a su nuevo estudio tratando de encontrar un espacio de reconciliación, se encontró con que de nuevo saltaba al vacío. Mirando uno de sus cuadros, fragmento de un universo imaginario que pretendía dar cuenta de sus desgarramientos, sus deseos, sus imposibilidades, tuvo una revelación momentánea. En aquel lienzo el rojo estallaba salpicando de puntos el resto de la tela, manchando un fondo de luz tibia, ligeramente dorada, atravesada de grises. En el corazón del estallido la pintura se oscurecía hasta llegar al cereza, al negro, se cerraba como un ojo o un puño. Este cuadro era ambiguo, tenían fuerza, hondura, honestidad. Era lo mejor que había hecho nunca, lo más riguroso y comprometido de su propia vida, lo que mejor hablaba por ella, lo que mejor iluminaba su parte oscura, inefable, inaprensible. Pero no lograba lo que perseguía. Más allá de la plenitud de su arte, de la intensidad del momento de la creación, de la satisfacción de los resultados, de la voluntad de seguir pintando, Ana sentía que se abría el abismo de la carencia que había en su pintura. No había consuelo posible. Reconoció el tamaño de su equivocación: lo que deseaba no era aquella vida de formas que sólo es sustitución, impotencia, momentánea ilusión de absoluto. Lo que había buscado en aquellos trazos no era el arte, ay, ese momento feliz de la desesperación y la fe. Lo que Ana quería era algo infinitamente más real: poseer un cuerpo. No un cuerpo cualquiera, por supuesto, ni un cuerpo imaginado, ni un cuerpo virtual, ni un cuerpo que vive y crece en un futuro de fantasía, sino, por el contrario, ese cuerpo elegido, único, tibio, húmedo, que responde a un nombre y está animado por una mirada. Una mirada que debe reconocerla, desearla, aceptarla, hacer que su cuerpo vuelva a existir más allá de los humores, los excrementos, los ruidos secretos, la paciente floración de las enfermedades. Lo que Ana desea es ese cuerpo que hace salir su alma dormida hasta la superficie de la piel.

Al arte, como al cuerpo, lo mueve también el instinto, el deseo, la necesidad. Como un hombrecillo que anhela ser Dios, ella ha querido hacer un milagro, y el arte le ha devuelto una cara impasible, secreta, que le hace un gesto de desdén. Esas manchas de pintura hablan más que Martín, que Gabriela, quizá duren más que ellos mismos. Pero esas manchas fueron ella, y ahora son ajenas. Ya no le interesan.

Cuando salió del estudio, cerrando la puerta, tuvo la sensación de estar haciendo un gesto metafórico. Su trascendentalismo le dio asco. Por eso fue y tomó un baño, como un animal que necesita la lluvia. Luego, durante un rato largo, vio sin ver las vertiginosas imágenes de la televisión. Desnuda debajo de la bata de tela de toalla, bebiendo lentamente su trago, era consciente de su piel, de la densidad de su lengua, del calor que penetraba sus muslos, de los dedos de sus pies que se movían perezosamente. Se durmió un tanto borracha. Fue entonces cuando oyó aquellos ruidos, que bajó, vacilante, que preguntó en voz alta quién está ahí, que entró en la sala en penumbra, que descubrió que una mujer semidesnuda y con el pelo aún húmedo la observaba detrás del cristal que daba al jardín. Fue entonces cuando al acercar su frente al vidrio vio un destello metálico, instantáneo, fugaz, cálido como un resplandor, y detrás del destello una mano girando, unos rizos desordenados, unos pómulos altos, unos ojos amarillos, salpicados de puntitos negros, y tal vez, pero esto ya era borroso, otros ojos, tan dulces y serenos como su enorme dolor, que desplazaba al miedo.

Este libro se terminó de imprimir
en los talleres gráficos de D'vinni Ltda.
en el mes de Noviembre de 2001
en Bogotá, Colombia